Kohlhammer

Diana Raufelder
Frances Hoferichter

Prüfungsangst und Stress

Ursachen, Wirkung und Hilfe

Verlag W. Kohlhammer

Dieses Werk einschließlich aller seiner Teile ist urheberrechtlich geschützt. Jede Verwendung außerhalb der engen Grenzen des Urheberrechts ist ohne Zustimmung des Verlags unzulässig und strafbar. Das gilt insbesondere für Vervielfältigungen, Übersetzungen, Mikroverfilmungen und für die Einspeicherung und Verarbeitung in elektronischen Systemen.

Die Wiedergabe von Warenbezeichnungen, Handelsnamen und sonstigen Kennzeichen in diesem Buch berechtigt nicht zu der Annahme, dass diese von jedermann frei benutzt werden dürfen. Vielmehr kann es sich auch dann um eingetragene Warenzeichen oder sonstige geschützte Kennzeichen handeln, wenn sie nicht eigens als solche gekennzeichnet sind.

Es konnten nicht alle Rechtsinhaber von Abbildungen ermittelt werden. Sollte dem Verlag gegenüber der Nachweis der Rechtsinhaberschaft geführt werden, wird das branchenübliche Honorar nachträglich gezahlt.

1. Auflage 2018

Alle Rechte vorbehalten
© W. Kohlhammer GmbH, Stuttgart
Gesamtherstellung: W. Kohlhammer GmbH, Stuttgart

Print:
ISBN 978-3-17-029390-8

E-Book-Formate:
pdf: ISBN 978-3-17-029391-5
epub: ISBN 978-3-17-029392-2
mobi: ISBN 978-3-17-029393-9

Für den Inhalt abgedruckter oder verlinkter Websites ist ausschließlich der jeweilige Betreiber verantwortlich. Die W. Kohlhammer GmbH hat keinen Einfluss auf die verknüpften Seiten und übernimmt hierfür keinerlei Haftung.

Inhalt

Einleitung 8

Stress

1	Stressforschung	13
	1.1 Eine Annäherung an den Stressbegriff	13
	1.2 Historischer Überblick zur Stressforschung	16
2	Stressoren	20
3	Stressmodelle und -theorien	22
	3.1 Transaktionales Stressmodell nach Lazarus	22
	3.2 Ressourcentheorien	24
	3.2.1 Theorie der Ressourcenerhaltung	24
4	Risiko- und Schutzfaktoren bei Stress	26
5	Bewältigungsstrategien (*coping*)	30
6	Soziale Unterstützung als Copingstrategie	33
7	Stress und Kultur	36

Prüfungsangst

8	Prüfungsangstforschung	41
9	Komponenten und Messinstrumente der Prüfungsangst – von den Ursprüngen bis heute	43
10	Modelle zur Entstehung von Prüfungsangst	46
	10.1 Habit-Interferenz-Modell	46
	10.2 Aufmerksamkeitsdefizit-Modell	46
	10.3 Das Transaktionale Stressmodell in Prüfungssituationen ...	47

11	Negativer Einfluss von Prüfungsangst	52
12	Diagnostik von Prüfungsangst in der Schule	54
13	Die Rolle von Eltern, Lehrern und Mitschülern bei Prüfungsangst	56
	13.1 Die Rolle der Eltern	56
	13.2 Die Rolle von Lehrern	57
	13.3 Die Rolle von Mitschülern	59
14	Geschlechtsspezifische Besonderheiten	61

Neurowissenschaftliche Erkenntnisse zu Stress und Angst

15	Neurowissenschaftliche Erkenntnisse	65
16	Die Stress- und Angstzentren im Gehirn: Neuroendokrine Prozesse	66
17	Neurobiologische Folgen von Angst und chronischem Stress	73

Wie die Gesundheit durch chronischen Stress und Prüfungsangst gefährdet wird

18	Chronischer Stress und Prüfungsangst machen krank	83
19	Ursachen und Symptome – von den ersten Warnzeichen bis zu psychopathologischen Auffälligkeiten	84
	19.1 Stresssymptome	86
	19.2 Prüfungsangst-Symptome	89
20	Stress und Angst in Kindheit und Jugend	91
	20.1 Symptome von Stress in der Kindheit	95
21	Stress, Schule und Prüfungsangst	97

Prävention und Intervention – der erfolgreiche Umgang mit Stress und Prüfungsangst

22	Individueller Umgang mit Stress und Prüfungsangst. Wie kann ich mir selbst helfen?	103
	22.1 Der Weg der Ernährung	103
	22.2 Der Weg der Bewegung	104
	22.3 Der Weg der inneren Einkehr	105

	22.4	Der Weg des Gleichgewichts	106
		22.4.1 Biofeedback	106
		22.4.2 Autogenes Training	107
		22.4.3 Selbst-Hypnose (Autohypnose)	107
	22.5	Der Weg der täglichen Routinen	109
	22.6	Die »Tensing and Differential Relaxation Method«	109
	22.7	Die Palming-Methode	110
	22.8	Tiefes Atmen	110
23		Schulpraktische Implikationen	113

Schlusswort ... 115

Literatur ... 116

Stichwortverzeichnis ... 141

Einleitung

Wer kennt nicht das Gefühl, dass einem die Dinge über den Kopf wachsen, Termine über Termine unseren Alltag bestimmen und Prüfungen nicht mit der nötigen Gelassenheit bestritten werden, die zum Erfolg führt, selbst wenn man sich gut vorbereitet hat? In einer Gesellschaft, in der das lebenslange Lernen als zentrale Aufgabe für jeden Einzelnen deklariert wird, nehmen Prüfungen und Leistungskontrollen eine wachsende Bedeutung ein: Angefangen in der Schule, Ausbildung, im Studium und später im Berufsleben. Mit anderen Worten, sie begleiten uns ein Leben lang und bereiten manch einem Stress und Angst. Prüfungen können uns nervös, schlaflos und zweifelnd machen, nicht selten gehen sie mit unangenehmen Erscheinungen wie einem flauen Gefühl im Magen, roten Flecken am Hals, erhöhtem Puls und Herzschlag und vermehrtem Schwitzen einher. Lösen die Prüfungen das wirklich in uns aus, oder ist es ein bedingter Reflex, der durch die Prüfungssituation abgerufen wird? Wieso können manche Menschen den Herausforderungen des Alltags inklusive der Prüfungssituationen nicht gelassen und entspannt entgegentreten? Sind wir heute mehr gestresst und ängstlich, als es unsere Vorfahren vor 100 Jahren waren? Und inwiefern hängen diese Angst- und Stressmechanismen mit neuronalen Prozessen in unserem Gehirn zusammen?

Diese und andere zentrale Fragen über unser Stresserleben und Gefühle der Prüfungsangst will das vorliegende Buch unter Bezugnahme psychologischer, pädagogischer und neurowissenschaftlicher Theorien und Erkenntnisse beantworten. Dabei gilt es in Kapitel 1 zunächst einen allgemeinen und historischen Überblick zur Stressforschung zu geben. Des Weiteren werden in Kapitel 2 und 3 führende Stressmodelle- und -theorien aufgegriffen. In den Kapiteln 4 bis 6 beschreiben wir Risiko- und Schutzfaktoren und leiten unter anderem Bewältigungsstrategien (coping) im Umgang mit Stress ab. Kapitel 7 ermöglicht einen Blick über unseren Kulturkreis hinaus, denn nicht zuletzt spielt die kulturell geprägte individuelle Wahrnehmung und Bewertung einer Situation, die als stressig gilt, eine entscheidende Rolle.

In den Kapiteln 8 bis 15 widmen wir uns dem Thema Prüfungsangst als einer spezifischen Form von Stress. Prüfungsangst ist meist Teil eines Teufelskreises: Prüfungsangst geht oft einher mit Denkblockaden, Besorgtheit und physischen Begleiterscheinungen, die wiederum dazu führen, dass sich der Schüler[1] während des Tests nur schlecht konzentrieren kann und möglicherweise auch eine schlechte

---

1 Aus Gründen der besseren Lesbarkeit wird im vorliegenden Buch auf die gleichzeitige Verwendung männlicher und weiblicher Sprachformen verzichtet.

Note erhält, welche die Leistung nicht richtig widerspiegelt. Diese schlechte Note verstärkt wiederum die Angst vor weiteren Prüfungen und somit manifestiert sich ein Teufelskreis, aus dem man mit fortlaufender Dauer immer schwieriger ausbrechen kann mit teilweise gravierenden Folgen, die bis zum vorzeitigen Schulabbruch führen können. Zwar können bestimmte Persönlichkeitsmerkmale Prüfungsangst begünstigen, aber auch hier spielt die Umgebung eine entscheidende Rolle, wenn es um die Entstehung oder Prävention von Prüfungsangst geht – beispielsweise kommt hier Eltern, Lehrern und Mitschülern eine essenzielle Funktion zu (▶ Kap. 13).

In den Kapiteln 15 bis 17 werden wir die neuronalen Prozesse im Gehirn beschreiben, die uns das Gefühl von Stress und Angst letztlich erleben lassen. Dabei haben jüngste Erkenntnisse auf dem Gebiet der Neurowissenschaften gezeigt, dass chronischer Stress und Angst langfristig das Entstehen von neuropsychiatrischen Störungen hervorrufen können. Das ist besonders in Kindheit und Jugend kritisch, wenn sich das Gehirn noch grundlegend entwickelt, worauf wir in Kapitel 20 näher eingehen. In den Kapiteln 18 und 19 werden weitere mögliche stressinduzierte Langzeitfolgen und Warnsignale sowie psychopathologische Auffälligkeiten ausführlich thematisiert. Nachdem wir individuelle Methoden zum praktischen Umgang mit Stress und Prüfungsangst angeführt haben (▶ Kap. 22), schließen wir mit schulpraktischen Implikationen im Kapitel 23.

Stress

1 Stressforschung

1.1 Eine Annäherung an den Stressbegriff

Wenn man sich mit dem Stressbegriff und dahinterstehenden Theorien, Statistiken und Herausforderungen beschäftigt, bekommt man den Eindruck, Stress sei eine Zivilisationskrankheit bzw. der Auslöser zahlreicher psychosomatischer Symptome bei Menschen der industriellen Welt. Die durch Dauerstress verursachten Symptome reichen von Erschöpfung, Schlaflosigkeit, Konzentrationsschwäche über Verdauungsprobleme, Kopfschmerzen bis hin zu Verzweiflung, Depression und Angstzuständen. Oft führt eine Kombination dieser Symptome beim Betroffenen zum Burnout, was im Regelfall eine ärztliche Unterstützung unablässig macht. Die Zahl derjenigen in Deutschland, die unter Stress leiden, ist in den vergangenen Jahrzehnten enorm angestiegen und beschäftigt nicht nur die Betroffenen, sondern zusehends Familien, Therapeuten, die Arbeitswelt, Wirtschaft und Wissenschaft. Laut einer TK-Studie (2013) fühlt sich jeder zweite Deutsche gestresst. Die damit einhergehende Berufsunfähigkeit ist seit 1994 um 120 % gestiegen (Busch, 2012), so dass mittlerweile jeder 22. Erwerbstätige aufgrund von psychischen Einschränkungen seinem Arbeitsplatz fernbleibt. Im Jahr 2012 wurden 37 % aller Frühverrentungen auf psychische Leiden zurückgeführt (Deutsche Rentenversicherung, 2014) und ein weiterer Anstieg der Menschen vorhergesagt, die unter Stress leiden (Jackson, 2013). Mittlerweile sind es jedoch nicht nur Erwachsene, die sich durch Termin- und Erfolgsdruck, Existenzangst, sozialen Vergleich etc. überfordert fühlen, sondern auch Jugendliche und Kinder, die zusehends »im Stress« sind bzw. in stressgeprägten Umfeldern aufwachsen. Laut einer Studie, die 11 000 Schulkinder befragte, fühlt sich fast ein Viertel aller Kinder regelmäßig gestresst. Davon geben 4 % an »sehr oft«, 18 % »oft« und 40 % »manchmal« gestresst zu sein (Beisenkamp, Klöckner, Hallmann & Preißner, 2009). Dabei ist die Schule der meist genannte Stressfaktor noch weit vor dem Druck der Eltern und der Freunde, was dazu geführt hat, dass sich jedes sechste Kind in der Schule unwohl fühlt. Auch wenn die genannten Stressfaktoren sicherlich miteinander zusammenhängen, zeigt die Studie, dass der größte Teil des Stressempfindens auf die Schule projiziert wird.

Laut Einschätzung der Kinder bietet die Schule zu wenige Phasen der Erholung, zum Spielen oder für das individuelle Lernen. Je älter die Kinder werden, desto gestresster fühlen sie sich. Weitere Untersuchungen zeigen, dass 76 % der befragten Jugendlichen vor allem die hohen Leistungsanforderungen für ihren Stress verantwortlich machen, wovon sich über ein Drittel der Schüler chronisch überlastet fühlt (Oertel, 2010).

Nach einer aktuellen DAK-Gesundheitsstudie (2017), die 7 000 Fünft- bis Zehntklässler in Deutschland befragte, leiden 43 % aller befragten Schüler unter Stress und berichten in diesem Zusammenhang von Kopfschmerzen, Rückenschmerzen und Schlafproblemen. Darüber hinaus hat der überdurchschnittlich hohe Anstieg von Stress unter Jugendlichen dazu geführt, dass Schüler vor und während der Schulzeit Energydrinks zu sich nehmen, die Koffein und synthetische Zusatzstoffe beinhalten. Bereits in der fünften Klasse kommen die Schüler nach eigenen Angaben mit den »Wachmachern« in Kontakt, wobei diese insbesondere unter Jungen der neunten und zehnten Klasse weit verbreitet sind. In diesem Sinne gab jeder fünfte Junge an, jede Woche oder öfter Energydrinks zu trinken. Als Schlussfolgerung der Studie hat die DAK die Einführung eines Schulfaches »Gesundheit« empfohlen. Fraglich ist jedoch, ob ein Schulfach stressreduzierend wirken kann und nicht nur ein weiterer Versuch ist, die Symptome zu behandeln, anstatt das Problem an der Wurzel zu packen und die gesellschaftlichen Rahmenbedingungen zu überdenken.

Suggerieren diese Statistiken, dass Stress eine Zivilisationskrankheit sei? Ist das Phänomen Dauerstress und Erschöpfung die Errungenschaft oder ein Kollateralschaden der zivilisierten Gesellschaft? Laut Definition zeichnet sich eine zivilisierte Gesellschaft zum Beispiel durch die Achtung der Grund- und Menschenrechte, gegenseitige Rücksichtnahme auf Basis moralischer und wertorientierter Verhaltensstrukturen, wirtschaftlichen und wissenschaftlichen Fortschritt, Staatenbildung u. a. aus.

Zumindest beschreibt der Psychologe George Beards in seinen Arbeiten zum Ende des 19. Jahrhunderts, ein Zeitphänomen, nämlich die Neurasthenie, dessen Erscheinung er vor allem der zivilisierten und privilegierten Schicht einer Gesellschaft zuschreibt. Laut Beards waren es vor allem Kaufmänner, Anwälte, Politiker und andere zu der Zeit angesehene Schichten, die unter Verdauungs- und Schlafstörungen, Kopfschmerzen, generellem Unwohlsein und eingeschränkter Fortpflanzungsfähigkeit litten. Als Auslöser der Neurasthenie, welche in der Symptomatik dem heutigen Burnout ähnlich ist, wurde die Überforderung des Nervenkostüms durch die modernen Lebensumstände, wie eine rasche Technologisierung von Produktion, Transport und Kommunikation, verantwortlich gemacht. Sind wir auch heute im 21. Jahrhundert überfordert durch immer neue Kommunikationsmittel und -wege, durch wirtschaftlichen und wissenschaftlichen Fortschritt, also durch gerade das, was eine zivilisierte Gesellschaft ausmacht? Diese mit Absicht pauschal gestellte Frage ist nicht a priori mit »ja« zu beantworten, sondern eher mit »nein«. Denn Stress entsteht zunächst einmal, wenn sich Individuen durch einen Stressor überfordert fühlen und ihre Ressourcen als nicht ausreichend einstufen, um einer Situation erfolgreich zu begegnen. Demnach ist Stress nicht per se auf den Grad der Technologisierung einer Gesellschaft zurückzuführen, sondern vielmehr auf die spezifische Umgebung, in der sich das Individuum aufhält und auf die zur Verfügung stehenden Ressourcen zur Bewältigung einer stressauslösenden Situation als auch die Fähigkeit, fehlertolerante Lösungsstrategien zu entwickeln und umzusetzen bzw. insgesamt Herausforderungen als Chance zu sehen. Es ist wohl eher die Selbstoptimierung, Flexibilisierung und Beschleunigung, wie sie Kury in seinem Buch »Der überforderte Mensch« (2012) betitelt, die bereits in der Schule gelebt und als Notwendigkeit zelebriert werden. Wenn also schon Kinder lernen, besser, schneller, höher hinaus zu müssen, ohne ihnen gleichzeitig Zuversicht in ihre eigene Fähigkeit zu vermitteln, sowohl persönliche als auch gesellschaftliche Prozesse mitzugestalten, ist Dauerstress und in diesem Zuge ein hoher Krankenstand einer Gesellschaft vorprogrammiert. Dass Stress kein zwingendes Nebenprodukt der Zivilisationsgesellschaft ist, zeigen Länder wie Dänemark, Finnland, die Niederlande und Schweden, deren Bürger den höchsten Zufriedenheitsgrad aller OECD-Länder aufweisen (OECD, 2015). Und es sind gerade die Länder, deren Bürger angeben, ihren Mitmenschen zu vertrauen, die Länder mit hohen Bildungsausgaben und einem vorbildlichen Bildungssystem, einem öffentlich gut aufgestellten Gesundheitssystem und hoher Beteiligung am Arbeitsmarkt. Tatsächlich hält die World Health Organization (WHO, 1993) in ihrem Positionspapier zum Stressmanagement fest, dass immer mehr Menschen unter Stress leiden, bei gleichzeitiger Abnahme sozialer Unterstützung durch soziale Netzwerke und Hilfe aus dem Gesundheits- und Sozialsystem. Aufgrund der einschneidenden Gesundheitsbeeinträchtigungen ermutigt die WHO Regierungs- und Nicht-Regierungsorganisationen ein besonderes Augenmerk auf die Ursachen und die Prävention von Stress zu legen.

Um die Frage nach einer zivilisierten Gesellschaft aufzugreifen, fragen wir konkret: Haben wir in Deutschland etwa den Punkt überschritten, uns eine zivilisierte Gesellschaft nennen zu dürfen? Sind wir über das Ziel hinausgeschossen? Ist die Volkskrankheit Stress womöglich die Folge von nicht zivilisierten Erscheinungen in einer (über-)zivilisierten Gesellschaft? Also einer Gesellschaft, die den Menschen zusehends als (Human-)Kapital versteht und diesen auf Funktionen wie »Produzent« und »Kunde« reduziert, ungeachtet seines gesamten Potenzials, Wohlbefindens, seiner Bedürfnisse nach Sicherheit, Familie und Selbstverwirklichung? Menschliches Zusammenleben wird durch die Über-Priorisierung von individualistischen Sichtweisen in direktem Sinne des Wortes »de-naturiert«.

Der Sozialwissenschaftler Fukuyama (1999) charakterisiert die Entwicklung in der westlichen Welt als kritisch, da soziale Beziehungen zunehmend als unverbindlich empfunden werden und gerade diese Unverbindlichkeit dazu führt, dass gemeinsame Werte, die eine Gemeinschaft zusammenhalten und ihr Stabilität geben, immer weniger gelebt werden. Das Individuum hat sich seinen Platz vor dem Wohl der Gemeinschaft ergattert, was das soziale Wesen Mensch mit seinem Grundbedürfnis nach Eingebundenheit in eine Gemeinschaft in ein Dilemma katapultiert hat. Stefan Drewes vom Berufsverband Deutscher Psychologen beschreibt die aktuelle Entwicklung wie folgt:

> »Es herrscht heute ein hoher Druck, sich möglichst individuell darzustellen. In den Medien wird suggeriert, dass jeder ein Zuckerberg werden kann, wenn er nur die richtige Idee hat. Wer nichts Besonderes vorweisen kann, fühlt sich schnell als Versager.« (zitiert in die Welt, Szewczyk, 2012)

Bereits 1973 wurde Stress als »die wachsende Seuche« deklariert, das »Zeitalter des Stresses« ausgerufen (Jackson, 2013) und *le stress, lo stress, el stress, o stress* fand kulturübergreifend Einzug in die Alltagssprache der industriellen Welt (Selye, 1978). Der Begriff leitet sich vom englischen Wort *stress* ab, was übersetzt Druck, Anspannung, Beanspruchung bedeutet. Es gibt jedoch bislang keine einheitliche Definition von Stress. Selye sprach 1956 in seinem Buch »The Stress of Life« von einem mysteriösen Zustand, den Menschen, Tiere und sogar Zellen unter bestimmten Umständen miteinander teilen und beschreibt den Zustand als »too much of everything«. Lazarus (1966) deklariert Stress als eine Rubrik von verschiedenen Variablen und Prozessen und distanzierte sich somit von dem Gedanken, Stress sei eine alleinige Variable. Bezugnehmend auf bisherige Definitionen halten Grant und Kollegen (Grant, Compas, Stuhlmacher, Thrum, McMahon & Halpert, 2003) fest, dass es zwar verschiedene Ansätze in der Forschung gebe, Stress zu definieren, kritisieren jedoch den ungenauen, allgemeinen und zu schwierig zu operationalisierenden Charakter dieser Definitionen, was daran liegen kann, dass Stress von unterschiedlichen Disziplinen untersucht wird (z. B. Biologie, Medizin, Psychologie, Soziologie). Im Folgenden möchten wir einige Definitionen von Stress anführen:

> »Im allgemeinen Sprachgebrauch ist »S. eine subjektiv unangenehm empfundene Situation, von der eine Person negativ beeinflusst wird (Disstress), i. Ggs. zum anregenden positiven S. (Eustress). […] S. kann allg. als intensiver, unangenehmer Spannungszustand in einer stark aversiven Situation verstanden werden, dessen Vermeidung als subjektiv wünschenswert erlebt wird.« (Dorsch, Lexikon der Psychologie, 2014, https://portal.¬hogrefe.com/dorsch/stress/)

> »[…] Muster spezifischer und unspezifischer Reaktionen eines Organismus auf Reizereignisse, die sein Gleichgewicht stören und seine Fähigkeiten zur Bewältigung strapazieren oder überschreiten.« (Zimbardo & Gerrig, 1999, S. 798).

> »Latentes Konstrukt, das zusammenhängende zentralnervöse Aktivierung auf affektiver, kognitiver, neuronal-endokriner und motorischer Ebene anzeigt.« (Siegrist, 2005, S. 303 ff.)

> »Psychologischer Stress bezieht sich auf eine Beziehung mit der Umwelt, die vom Individuum in Hinblick auf sein Wohlergehen als bedeutsam bewertet wird, aber zugleich Anforderungen an das Individuum stellt, die dessen Bewältigungsmöglichkeiten beanspruchen oder überfordern.« (Lazarus & Folkmann, 1986, zit. nach Petermann & Hampel, 1998, S. 2)

> »[Stress ist das Resultat] aus einem tatsächlichen oder wahrgenommenen Ungleichgewicht zwischen den aus einer Situation resultierenden Anforderungen bzw. Belastungen und der Einschätzung, diese mit den verfügbaren Ressourcen nicht bewältigen zu können.« (Ulich, 2011, S. 487).

Auch wenn es keine einheitliche Stressdefinition in der Literatur gibt, fokussieren die meisten Forschungsbefunde das Zusammenwirken von Organismus und Umwelt und sehen das Erleben und Verhalten des Individuums in stressauslösenden Situationen und somit die Anpassung des Individuums an seine Umwelt im Zentrum des Geschehens.

1.2 Historischer Überblick zur Stressforschung

In der Psychologie wurde Stress bereits implizit im Rahmen der Forschungsarbeiten von Freud aufgegriffen, dessen Interesse der Untersuchung von Angst galt. Demnach gilt die Realangst als Signal einer Gefahr, löst Abwehrmechanismen aus und erhöht die Anpassungsfähigkeit des Individuums.

Diesem Ansatz folgend galt das Interesse des Physiologen Walter Bradford Cannon, der auch als Pionier der Stressforschung bezeichnet wird (Quick & Spielberger, 1994), der Erforschung von Emotionen und dem biologischen Gleichgewicht des Menschen. Er prägte den Begriff der *Homöostase*, welche die Wirkungsweise des Sympathikus und des Parasympathikus einschließt; zweier Gegenspieler des vegetativen Nervensystems. Letzteres ist auch als autonomes Nervensystem bekannt, da lebensnotwendige Funktionen wie Herzschlag, Blutdruck, Verdauung und Atmung unbewusst und somit automatisch reguliert werden. Der Sympathikus wird aktiviert, sobald eine Situation als stressig wahrgenommen wird und bereitet das Individuum auf Kampf oder Flucht vor (*fight-or-flight*) (Cannon, 1915), indem Hormone wie Adrenalin oder Noradrenalin ausgeschüttet werden. Diese physiologische unspezifische Reaktion des Körpers bringt denselben aus dem Gleichgewicht, so dass der sogenannte »Ruhenerv« Parasympathikus seine Funktion aufnimmt, um den Körper durch die Regulierung der inneren Organe und des Blutkreislaufes zurück in die Homöostase zu bringen. Somit wirkt der Sympathikus aktivierend und der Parasympathikus ausgleichend auf äußere und innere Reize (Cannon, 1935). Nach Cannon werden durch die Stressreaktion des Körpers Widerstandskräfte mobilisiert, die das Individuum vom Ungleichgewicht (Heterostase) wieder in das Gleichgewicht bringen. Somit ist Stress nicht allein als negativ zu betrachten, sondern gleichermaßen positiv. Wenn Stress zeitlich überschaubar ist und als Herausforderung interpretiert wird, kann Stress das Immunsystem aktivieren, um Infektionen abzuwenden oder Wunden zu heilen (Segerstrom & Miller, 2004).

Während Cannon davon ausging, dass die Stressreaktion eines Individuums aus allein einer Reaktion besteht, die über kurze oder lange Zeit andauert, beschreibt der zu dem Thema wohl meist zitierte Stressforscher Hans Selye die menschliche Reaktion auf Stress als einen Prozess. Von der behavioristischen Forschung seiner Zeit geprägt, etablierte Selye das Modell eines Allgemeinen Adaptationssyndroms (AAS) (Selye, 1956, 1974; ▶ Abb. 1). Letzteres teilt die Stressreaktion in drei Phasen, bestehend aus einer Alarmphase (Phase 1), in der das Individuum durch Einfluss eines Reizes physisch alarmiert wird, gefolgt von einer Widerstandsphase (Phase 2), in der es zu einer Adaptation an den Reiz kommt. Ist das Individuum jedoch nicht in der Lage, sich an die Situation anzupassen, kann es zur Erschöpfung (Phase 3) und somit zur Schädigung des Organismus kommen.

Ähnlich wie Cannon geht auch Selye davon aus, dass Stress Energien mobilisiert, um den Körper auf Kampf oder Flucht vorzubereiten. In der kurzen Alarmphase, in welcher der Organismus mit einer kritischen Situation konfrontiert wird, kommt es zu einer Art Schockzustand des Individuums, welcher sogleich die Leistungssteigerung des Organismus zur Folge hat. Durch eine Reihe von körperlichen Reaktionen wird das sympathische Nervensystem aktiviert und infolgedessen eine Adaption des Organismus angestrebt. Die Experimente von Selye und Kollegen zeigen, dass kontinuierlich geringe Dosen von induziertem Stress zur Resistenz des Organismus beitragen, wohingegen langanhaltender induzierter Stress zu Erschöpfungszuständen des Organismus führen kann und ähnliche körperliche Reaktionen wie in der Alarmphase zu beobachten sind (Selye, 1936). Nach Selye ist die Stressreaktion von Individuen nicht nur universell, sondern auch unspezifisch,

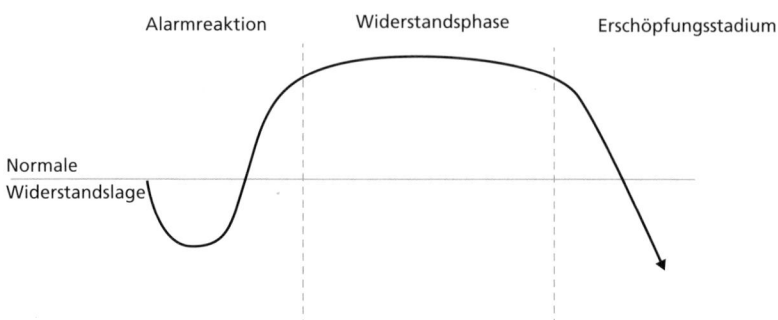

Abb. 1: Allgemeines Adaptationssyndrom (AAS) nach Selye, 1956

d. h., verschiedenartige stressauslösende Reize (schwere Erkrankungen, Unfall, Erkältung etc.) rufen die gleiche Abfolge der von Selye postulierten Stressreaktion hervor. In diesem Sinne ist die Wahrnehmung von Stress subjektiv und bedingt die Intensität des Stresserlebens. Somit kann es zu einer kurzfristigen Heterostase kommen oder zu einem langanhaltenden Ungleichgewicht, welches Energiereserven aufbraucht, zur Erschöpfung führt und somit zum Risikofaktor für Krankheiten wird (Selye, 1983). Das Individuum ist folglich in seiner Stressbewältigung und Funktion eingeschränkt, was sich unter anderem durch depressive Zustände, Angst, eine verringerte Wachstums- und Fortpflanzungsaktivität, eine Einschränkung des Immunsystems und durch somatische Krankheiten zeigt (Selye, 1984, 1936). Nach Selye können eingeschränkte Körperfunktionen nicht nur als Folge von Langzeitstress auftreten, sondern es kann bereits während der Anpassungsphase zu somatischen Krankheiten wie beispielsweise Asthma und Hypertonie kommen (1983).

Selye definiert Stress demnach als eine unspezifische Reaktion des Organismus auf Anforderungen aus der Umwelt (Selye, 1936). Weiterhin unterscheidet der Endokrinologe einen positiv wirkenden Stress, *Eustress*, welcher Körper und Geist mobilisiert und aktiviert (z. B. Vorfreude), und *Disstress*, welcher vom Individuum als Belastung wahrgenommen wird (z. B. Tod des Ehepartners).

Den Forschungen von Cannon und Selye zufolge wird Stress als biologische Reaktion (*response*) des Körpers auf seine Umwelt (*stimulus*) betrachtet, indem der Körper aktiviert wird, auf den stressauslösenden Reiz mit Kampf oder Flucht zu reagieren. Stimulusdefinitionen, wie die von Cannon und Selye, beziehen sich zumeist auf Stressoren wie Umwelteinflüsse (Naturkatastrophen, Krankheit, Tod eines Angehörigen etc.) und folgen der Annahme, dass bestimmte Stimuli normativ stressauslösend sind, wobei interindividuelle Unterschiede keine Beachtung finden. Dieser reaktionsgeleitete Ansatz spiegelt die damalige biologische und medizinische Forschung wieder, welche den Stresszustand selbst und die damit verbundene physiologische Reaktion des Organismus fokussiert.

In einigen Experimenten konnte das Allgemeine Adaptationssyndrom jedoch nicht nachgewiesen werden (Mason, 1975). Diese Erkenntnis führte zu der Annahme, dass Stress bei Menschen das Resultat eines kognitiven Prozesses sein müsse (vgl. Arnold, 1960; Janis, 1958; Lazarus, 1966). Außerdem müsse den reiz-reaktionsgeleiteten Ansätzen zufolge jeder Reiz eine Stressreaktion hervorrufen, was die Stressforscher Lazarus und Folkmann (1984) in Frage stellen und Stress als einen Transaktionalen Prozess verstehen und mit diesem Ansatz die Stressforschung bis heute dominieren (▶ Kap. 3.1). Das Transaktionale Stressmodell stellt einen Gegensatz zu den reaktionsorientierten Stresskonzepten dar. Letztere haben sich im Humanbereich als weniger brauchbar erwiesen, da interindividuelle Unterschiede vernachlässigt werden, insofern die reaktionsorientierten Stresskonzepte ein uniformes Reaktionsmuster zugrunde legen.

Die Verwendung des Stressbegriffes in der psychologischen Forschung wurde vor allem durch den Zweiten Weltkrieg und den Vietnamkrieg mobilisiert (Grinker & Spiegel, 1945). In diesem Rahmen galt es, Soldaten zu selektieren, die weniger stressanfällig waren oder diese einem Trainingsprogramm zu unterziehen, um die Soldaten unter Stress zu effektiven Handlungsstrategien zu befähigen und somit deren Potenzial zu steigern. Seit den 1960er Jahren galt das Interesse der Forschungsgemeinschaft zunehmend den Bewältigungsstrategien (*coping*) und individuellen Unterschieden beim Stresserleben und somit dem Zusammenhang möglicher Mediatoren und Moderatoren. Je nach Fachrichtung, finden sich in der Literatur Modelle mit je unterschiedlichen Schwerpunkten zur Erklärung von Stress, die an dieser Stelle nur benannt, aber nicht ausführlich behandelt werden.

Exkurs

Im Bereich der Organisations- und Arbeitspsychologie gibt es beispielsweise Stressmodelle, die einen Fokus auf Belastung, Beanspruchung und Kontrolle am Arbeitsplatz legen und dabei psychische Belastungen, Entscheidungsspielraum und Kommunikationsanforderungen entsprechend berücksichtigen (vgl. Anforderungs-Kontroll-Modell; Modell der beruflichen Gratifikationskrisen; Konzept der Anforderung – Belastung; Konzept der Vollständigen Tätigkeit; Konzept Psychischer Stress am Arbeitsplatz).

In der Soziologie hat vor allem der Medizinsoziologe Leonhard I. Pearlin die Stressforschung maßgeblich vorangetrieben. Pearlin versteht Stress als einen sozialen Zustand, der durch gesellschaftliche und soziokulturelle Gegebenheiten ausgelöst wird (z. B. sozioökonomischer Status, Geschlecht, Beruf, Alter) und beispielsweise durch soziale Unterstützung abgepuffert werden kann (▶ Kap. 6). Folglich wird Stress im soziologischen Sinne im lebensweltlichen Kontext platziert und Individuen in ihrer sozialen Rolle verstanden.

2 Stressoren

Als Stressoren gelten prinzipiell innere und äußere Reize, die das Individuum dazu veranlassen Ressourcen aufzuwenden, um das innere Gleichgewicht beizubehalten bzw. herzustellen. Somit können Stressoren ein Stressempfinden auslösen, welches das Individuum dazu veranlasst, zwischen Anforderung und dem eigenen Wohlbefinden zu mediieren. Dabei kommt es auf die Anpassungsfähigkeit und somit auf die dem Individuum zur Verfügung stehenden Bewältigungsstrategien an, ob der Stressor tatsächlich stressauslösend wirkt. In der Literatur werden Stressoren auf Grundlage ihres Wirkungsgrades und Ursprungs klassifiziert. Beispielsweise werden traumatische Ereignisse als Stressoren bezeichnet, wenn ein kurz- oder lang anhaltendes Ereignis oder Geschehen von außergewöhnlicher Bedrohung mit katastrophenartigem Ausmaß vorliegt und im Individuum tiefgreifende Verzweiflung auslöst (ICD-10, Dilling, Mombour & Schmidt, 1991). In diesem Sinne erfüllen erlebte Traumata sowohl ein Ereigniskriterium als auch ein subjektives Kriterium. Im *Diagnostic and Statistical Manual of Mental Disorders* (DSM-IV, 1994) werden beispielsweise lebensbedrohliche Ereignisse wie Folter, Gefangenschaft, gewalttätige Überfälle, unangemessene sexuelle Erfahrungen, Naturkatastrophen und schwere Unfälle als Ereigniskriterium verstanden. Das subjektive Kriterium wird hingegen erfüllt, wenn Individuen durch das Ereignis Furcht, Hilflosigkeit und/oder Entsetzen empfinden. Beispielsweise litten drei Wochen nach den Anschlägen vom 11. September 2001 insbesondere Bewohner aus New York City an Symptomen wie Schlaflosigkeit und depressiven Verstimmungen, als Folge des traumatischen Ereignisses (Cohen Silver, Poulin, Holman, McIntosh, Gil-Rivas & Pizarro, 2004). Nach dem Hurricane Katrina verdreifachten sich die Selbstmorde in New Orleans kurzzeitig (Saulny, 2006).

Des Weiteren wird chronischer Stress als Stressor klassifiziert, der über längere Zeit andauert und als wiederkehrende Belastung erlebt wird. In diesem Sinne sind es vor allem die modernen Lebensverhältnisse, die chronischen Stress verursachen können. Laut Laireiter und Kollegen (2001) manifestiert sich chronischer Stress sowohl in unterschiedlichen langanhaltenden Ereignissen wie beispielsweise in belastenden Arbeitsbedingungen, anhaltenden Schwierigkeiten und Problemen in unterschiedlichen Lebenskontexten (z. B. finanzielle Probleme, Familienkonflikte) als auch in Lebensbelastungen durch Lebensereignisse wie Tod des Ehepartners oder Krankheit. Kurzum, chronischer Stress manifestiert sich in überdauernden Problemen ökologischer, sozialer oder psychologischer Natur. Für Kinder und Jugendliche kann chronischer Stress insbesondere aus Armut, einer chronischen Krankheit der eigenen Person oder eines Elternteils und/oder durch Misshandlung resultieren (Grant et al., 2003). Im schulischen Kontext kann der Ausschluss aus der Gemeinschaft oder/und das Gemobbtwerden Stress auslösen und sowohl zu psychischen als auch physiologischen Beeinträchtigungen führen (Ott & Bowi, 2010).

Weiterhin kann eine bestimmte Rassenzugehörigkeit und eine daraus resultierende Diskriminierung oder ein niedriger sozioökonomischer Status zu chronischem Stress führen (Adler et al., 1994; Clark, Anderson, Clark & Williams, 1999). Kritische Lebensereignisse erfordern nach Filipp (1990) die Veränderung oder den Abbau habitualisierter Handlungsabläufe, was wiederum als stressig empfunden werden kann. Die kritischen Ereignisse sind raumzeitlich begrenzt und umfassen sowohl normative, d. h. vorhersehbare Ereignisse, wie das Einsetzen der Pubertät, als auch non-normative Geschehnisse, wie den unvorhergesehenen Verlust des Arbeitsplatzes. Dabei sind es nicht nur die unangenehmen Lebensveränderungen, wie z. B. das Sitzenbleiben in der Schule und damit verbunden ein Klassen- oder Schulwechsel, sondern auch schöne Ereignisse, wie z. B. die Einschulung oder das Entgegennehmen des Abiturzeugnisses als Auszeichnung, welche die Ressourcen des Individuums herausfordern und eine Neuordnung der Person-Umwelt-Beziehung erforderlich machen (Filipp, 1990). Es sind besonders die Übergangs- und Unsicherheitsphasen, die bei jungen Erwachsenen Stress auslösen können. Wie Studien zeigen, sinkt mit höherem Alter das empfundene Stresslevel (Aldwin, 1990; Newport & Pelham, 2009), da die Art der Belastung und der Umgang mit Stress sich über die Lebensspanne verändern (Aldwin, Sutton, Chiara & Spiro, 1996; Folkman, Lazarus, Pimley & Novacek, 1987). Alltagsbelastungen (*daily hassles*) umfassen eine Bandbreite von Ereignissen, deren stressauslösendes Potenzial wie auch bei anderen Stressoren je nach Individuum variiert. Somit reichen Alltagsbelastungen, die auch als Mikrostressoren bezeichnet werden, vom frustrierenden Ereignis, einen Parkschein zu erhalten, in Hundekot zu treten, bis hin zu der Situation, als letzter in eine Mannschaft gewählt zu werden (Grant et al., 2003). Man spricht im Allgemeinen von Alltagsbelastungen, wenn das Individuum sich bedroht, gekränkt oder frustriert fühlt, somit das Wohlbefinden eingeschränkt wird und das Individuum aufgefordert ist, sich für eine eher begrenzte Zeit der Situation anzupassen (Lazarus & Folkman, 1984). Dabei handelt es sich nicht um eine Routinehandlung, sondern zum Teil um eine recht hohe Wiederanpassungsleistung (Laireiter et al., 2001).

3 Stressmodelle und -theorien

3.1 Transaktionales Stressmodell nach Lazarus

Während Selye noch davon ausging, dass eine Stressreaktion im behavioristischen Sinne ablaufen würde (Reiz-Reaktionsmodell), betrachtet Lazarus die Stressreaktion als einen dynamischen kognitiven Prozess, in dem sich das Individuum mit seiner sich stetig ändernden Umwelt auseinandersetzt (Lazarus, 1966; Lazarus, Averill & Opton, 1970). Dabei entsteht Stress nicht, wie noch von Selye angenommen, durch die Intensität der Situation oder des Reizes an sich, sondern wird vielmehr als eine Konsequenz subjektiver Wahrnehmung und der anschließenden Bewertung beschrieben.

Seit dem Bekanntwerden des Transaktionalen Stressmodells in den 1960er Jahren, haben Lazarus und Kollegen das Modell über die folgenden Jahrzehnte erweitert. In seiner aktuellen Version wird Stress als *relational concept* (Transaktion) beschrieben und als Resultat einer bestimmten Beziehung zwischen Person und Umwelt gesehen. Diese Beziehung fordert das Individuum in seinen Ressourcen heraus oder überfordert dieses sogar und gefährdet somit sein Wohlbefinden (Lazarus & Folkman, 1984; Lazarus, 1991). Im Transaktionalen Stressmodell wird die kognitive Beurteilung als Evaluationsprozess der Situation beschrieben, aus dem hervorgeht, warum und in welchem Ausmaß die Beziehung zwischen Person und Umwelt stressauslösend ist (Lazarus & Folkman, 1984). Dabei wird zwischen primärer (*primary*) und sekundärer Bewertung (*secondary appraisal*) unterschieden. Während der primären Bewertung evaluiert die Person, ob die Situation relevant oder irrelevant ist. Wenn die Situation als wichtig eingestuft wird, wird auch die Motivation, diese Situation zu bewältigen, hoch sein und damit verbundene Emotionen intensiv (Smith & Lazarus, 1993). Im Gegensatz dazu wird die Motivation eher gering ausfallen, wenn die Situation als unwichtig eingestuft wird und demzufolge das Wohlbefinden beibehalten oder verstärkt wird. Somit sieht sich das Individuum nicht angehalten, Anpassungs- oder Bewältigungsbemühungen nachzugehen.

Während der sekundären Bewertung evaluiert die Person die eigenen Ressourcen und mögliche Strategien, um die jeweilige Situation erfolgreich zu bewältigen. Dieser Evaluationsprozess wird von Lazarus und Folkmann (1984) als komplexer Prozess beschrieben. Beide Stufen der Evaluation (primär und sekundär) beeinflussen sich gegenseitig und bestimmen sowohl das Stressausmaß als auch die Qualität von emotionalen Reaktionen. Wenn die Person annimmt, einer Belastungssituation nicht erfolgreich zu begegnen, können Ängste entstehen. Wohingegen die Aussicht auf eine erfolgreiche Bewältigung der Situation die Person mobilisiert zu agieren.

Lazarus und Folkmann (1984) unterscheiden drei Arten von Stress, die aus der unterschiedlichen Bewertung von Stressoren und eigenen Ressourcen hervorgehen: Schaden (*harm*), Bedrohung (*threat*) und Herausforderung (*challenge*). Schaden bezieht sich auf die psychologische Beeinträchtigung oder den Verlust, welche das Individuum bereits erfahren hat. Die Annahme über eine mögliche Beeinträchtigung wird als Bedrohung bezeichnet, während man von einer Herausforderung spricht, wenn die Person sich sicher fühlt, die Anforderungen bewältigen zu können.

Um den komplexen kognitiven Prozess einmal praktisch darzustellen, führen Lazarus und Folkmann (1984) folgendes Beispiel an: Ein Feueralarm löst automatisch und instinktiv eine Erregung aus, die wir Angst nennen. Wenn wir jedoch den Alarm hören, ist es wahrscheinlich, dass wir dem nachgehen, um herauszufinden wie drastisch die Bedrohung tatsächlich ist. Wenn die Zeit es erlaubt, lokalisieren wir die Gefahr, evaluieren das Ausmaß und überlegen, wie wir weiter vorgehen. Die neu gewonnene Erkenntnis über die Situation führt zu einer Re-Evaluation (*reappraisal*) der ursprünglichen Bedrohung, die infolgedessen bestätigt, gesteigert oder reduziert wird. Das heißt, dass die ursprünglich empfundene Angst eine ganze Reihe von Überlegungen mit sich zieht, die über eine lange Zeit anhalten können und komplexe Gedankenprozesse, Aktionen und Reaktionen initiieren. All dies ermöglicht eine fein abgestimmte und sequenzielle Anpassung an die Situation und wird als Transaktion bzw. Rückkopplungssystem beschrieben (Lazarus, 1966).

Eine von drei Bewältigungsstrategie (*coping*) ist die Re-Evaluation der Situation und demnach das Abwägen der Gefahr nach Einholung von Informationen über diese mögliche Gefahr. In diesem Sinne führt Lazarus den Begriff *cognitive coping* ein, welches das Stresserleben durch den Prozess des *reappraisals* beeinflussen kann (Lazarus, 2006). Somit beschreibt die Neubewertung nicht nur die dritte Phase des Transaktionalen Stressmodells, sondern steht für eine von zwei weiteren Bewältigungsstrategien. Neben dem *cognitive coping* durch Neubewertung gibt es die problemorientierte Bewältigungsstrategie (*problem focused coping*), bei dem das Individuum direkt in der Situation agiert, um dem jeweiligen Wunsch zu entsprechen. Dabei geht es darum, den fundamentalen Grund für das Stressempfinden zu berücksichtigen, um das Problem direkt, möglichst ohne emotionale Befindlichkeiten anzugehen. Die intensive Vorbereitung auf eine Prüfung ist ein Beispiel für eine problemorientierte Bewältigung, da durch das Lernen Sicherheit für die Prüfung gewonnen wird und Prüfungsängste abgebaut werden können. Des Weiteren spricht Lazarus von einer emotionsorientierten Bewältigungsstrategie (*emotion focused coping*), welche die psychologische Anpassung an die Situation beinhaltet, d. h., das Individuum modifiziert die eigene Interpretation, eigene Wünsche und Überzeugungen (Smith & Lazarus, 1993). Wenn beispielsweise ein Zahnarztbesuch ansteht, könnte man zwar durch problemorientierte Bewältigungsstrategien wie Zahnpflege die Angst vor dem Zahnarzt abbauen, in der Hoffnung ohne schmerzliche Behandlung bald wieder nach Hause gehen zu können, man kann aber auch durch emotionsbasierte Bewältigungsstrategien wie eine positive Einstellung zum Zahnarzt und die Freude über die Möglichkeit der Zahnkontrolle als Schutz vor schlechten Zähnen Ängste abbauen.

Wenn aber die Anforderungen aus der Umwelt die Ressourcen des Individuums beanspruchen oder übersteigen, wird die Situation als stressig empfunden, was wiederum ein Risikofaktor für die Gesundheit der Person sein kann. Demzufolge ist die Person angehalten, eine Balance zwischen äußeren Anforderungen und eigenen Ressourcen zu finden, um für das Individuum schädigende Konsequenzen abzuwenden (Lazarus & Launier, 1978). Demnach ist es nicht die Schwere des Stressors per se, welche die Person aus dem Gleichgewicht bringt, sondern vielmehr die Fähigkeit bzw. Unfähigkeit, diesem Stressor mit einer Bewältigungsstrategie zu begegnen (Lazarus & Launier, 1981). Bei der Bewältigung spielen auch sogenannte Ressourcen eine wichtige Rolle, die im folgenden Kapitel spezifischer thematisiert werden.

3.2 Ressourcentheorien

Im Vergleich zu den oben skizzierten Stresstheorien, fokussieren Ressourcentheorien nicht primär die Ursache von erlebtem Stress, sondern beschäftigen sich vielmehr mit sozialen und persönlichen Ressourcen, die das Wohlbefinden in stressigen Situationen aufrechterhalten bzw. wiederherstellen. Als Ressourcen gelten beispielsweise soziale Beziehungen (Cohen & Wills, 1985, ▶ Kap. 6), Kohärenzgefühl (*sense of coherence*, Antonovsky, 1979, ▶ Kap. 4), Selbstwirksamkeit (Bandura, 1981), Widerstandskraft (Kobasa, 1979) und Optimismus (Scheier & Carver, 1992, ▶ Kap. 4).

3.2.1 Theorie der Ressourcenerhaltung

Während das Transaktionale Stressmodell die Bewertung der Situation hinsichtlich seiner Relevanz beschreibt, geht die Theorie der Ressourcenerhaltung (*Conservation of Ressources Theory*, COR) davon aus, dass Individuen bestrebt sind, sowohl ihre Ressourcen und Identität als auch die der Gemeinschaft zu bewahren. Individuen erleben und verarbeiten stressauslösende Situationen, Umstände und Ereignisse auf unterschiedliche Art und Weise, je nach vorangegangener Erfahrung, spezifischen Umweltaspekten und Persönlichkeitsfaktoren (McGrath & Beehr, 1990). Dabei spielen Kultur und Gesellschaft eine entscheidende Rolle für das Empfinden bzw. die Entwicklung von Stress (Hobfoll, 1988, ▶ Kap. 7). Während der drohende Verlust von wertvollen Ressourcen Stress auslöst, ist es nicht die persönliche Einschätzung der Situation, sondern vielmehr objektive und kulturell geprägte Determinanten, die in die Bewertung der Situation einfließen (Hobfoll, 2001, 1989; Hobfoll & Lilly, 1993). In diesem Sinne wird das Individuum als Produkt von beispielsweise Nationalität, Geschlecht, sozialem Status, Bildung etc.

betrachtet, wobei Stress hauptsächlich innerhalb eines sozialen Kontextes entsteht und soziale Konsequenzen mit sich bringt (Hobfoll, 1989; Lyons, Mickelson, Sullivan & Coyne, 1998). Nach Hobfoll entsteht Stress aus drei Gründen:

a) bei Verlust von Ressourcen,
b) wenn Ressourcen bedroht werden,
c) wenn Individuen Ressourcen investieren, ohne einen Gewinn daraus zu verzeichnen (Hobfoll 1989; Hobfoll, Freedy, Green & Solomon, 1996).

Die Ressourcen selbst werden im Rahmen der COR-Theorie wie folgt kategorisiert:

1. Objektressourcen (*object resources*) wie beispielsweise ein Auto, Kleidung, der Zugang zu Transportmitteln etc.,
2. Zustandsressourcen (*condition resources*) wie Arbeit, soziale Beziehungen etc.,
3. persönliche Ressourcen (*personal resources*) wie Kompetenzen, Persönlichkeit, Selbstwert etc. und
4. Energieressourcen (*energy resources*), die den Erwerb von weiteren Ressourcen erlauben, wie zum Beispiel Geld, Wissen, Ausbildung etc.

Damit betrachtet die Ressourcenerhaltungstheorie gleichermaßen Umweltprozesse wie auch internale Prozesse und geht davon aus, dass das Individuum in einen bestimmten Kontext eingebettet ist. Jeder Versuch, Individuum und Umwelt voneinander zu trennen, würde nach Hobfoll (2001) zu einer eingeschränkten Sichtweise führen. Individuen haben nicht nur ein gelerntes, sondern auch ein angeborenes Bestreben, ihre Ressourcen zu bewahren, und jede Situation, welche die Sicherheit dieser Ressourcen bedroht, zu minimieren (Hobfoll, 1988; Lem, 1990). Dabei wird der Verlust von Ressourcen im Vergleich zum Gewinn von Ressourcen schwerer gewichtet, da die Vermeidung von Ressourcenverlust weitere Ressourcen erfordert. Demnach führt der Mangel an Ressourcen zu weiterem Verlust an Ressourcen, während das Vorhandensein von Ressourcen weitere Ressourcengewinne ermöglicht (Hobfoll, Freedy, Lane & Geller, 1990; Hobfoll & Lilly, 1993). Beispielsweise wird die Abstufung eines gewohnten Lebensstandards durch plötzliche Arbeitslosigkeit, Krankheit, Scheidung usw. persönlich als gravierender und stressinduzierender empfunden als eine kontinuierliche Verbesserung des Lebensstandards, da mit dem Verlust des Standards alle dafür bereits aufgewendeten Ressourcen mit verloren gehen.

4 Risiko- und Schutzfaktoren bei Stress

Wie Individuen einem Stressor gegenüberstehen, ihre Umwelt wahrnehmen und für welche Bewältigungsstrategie sie sich in für sie bedrohlichen Situationen entscheiden, hängt sicherlich von ihrer Sozialisation, bisherigen Erfahrungen und Persönlichkeitsfaktoren ab. Letztere wurden bereits in den 1950er Jahren von den Kardiologen Friedman, Rosenman und Kollegen in Zusammenhang mit Stress und Herzinfarktrisiko näher untersucht. Stress macht sichtlich krank, da empfundener Stress Fette im Körper freisetzt, die sich wiederum als Plaque in den Arterien festsetzen und zum Herzinfarkt führen können (▶ Kap. 18).

Als Resultat ihrer Studien klassifizierten die Wissenschaftler ihre Probanden in Typ-A- (TAP) und Typ-B-Persönlichkeiten (TBP). Typ-A-Persönlichkeiten zeigten ein eher ungeduldiges, leicht reizbares, verbal aggressives und ehrgeiziges Verhalten, während Typ-B-Menschen generell geduldiger waren. Obwohl Friedman und Rosenman (1959) bei Typ-A-Menschen ein höheres Herzinfarktrisiko nachgewiesen haben, konnten diese Befunde nicht repliziert werden (Myrtek, 1995). Jedoch wurde festgestellt, dass Typ-A- im Vergleich zu Typ-B-Menschen eher körperliche Reaktionen zeigen (z.B. Veränderung von Blutdruck, Hormonen, Puls), wenn sie sich bedroht oder herausgefordert sehen und das Gefühl haben, die Kontrolle über die Situation zu verlieren (Lyness, 1993). Ebenso können negative Emotionen wie Wut und aggressives Temperament als Reaktion auf eine Situation das Stresserleben von insbesondere Typ-A-Menschen intensivieren (Smith & Ruiz, 2002; Williams & Williams, 1993). Williams und Williams konnten zeigen, dass zu Wut neigende Menschen ein dreimal höheres Risiko haben, einen Herzinfarkt zu erleiden, im Vergleich zu nicht wütenden Menschen. Chang und Kollegen (2002) fanden sogar ein fünffach höheres Risiko für Herzinfarkt bei wütenden Menschen. Ähnlich wie Wut können auch Pessimismus, depressives Verhalten, Angst und Sorge zu einem höheren Stresserleben führen und das Risiko für koronare Herzkrankheiten um ein Vielfaches steigern (Kubzansky, Sparrow, Vokonas & Kawachi, 2001; Wulsin, Vaillant & Wells, 1999; Denollet, 2000). Beck (1987) greift im *generic cognitive vulnerability-stress model* die Bedeutung einer kognitiv vulnerablen Persönlichkeit für erhöhtes Stressempfinden und Despression auf. Das Modell geht davon aus, dass kognitiv vulnerable Menschen negative Rückschlüsse über das Ereignis und seine Konsequenzen auf die eigene Person rückschließen und infolge dessen eine höhere Wahrscheinlichkeit haben, an depressiven Symptomen zu leiden (Hankin, Abramson, Miller & Hoeffel, 2001). Tatsächlich neigen neurotizistische Menschen, d.h. zu Angst, Sorge, Unsicherheit neigende Menschen, eher dazu, Situationen als stressig zu empfinden (Ebstrup, Eplov, Pisinger & Jørgensen, 2011), und wenden im Vergleich zu ihren Mitmenschen weniger effektive Bewältigungsstrategien an

(Frydenberg, 2002). In verschiedenen Studien konnte eine hohe Kovarianz von Neurotizismus und Stress nachgewiesen werden, was bedeutet, dass beide Variablen in einem linearen Zusammenhang stehen und sich gegenseitig bedingen (Hoferichter, Raufelder & Eid, 2014; Murberg & Bru, 2007).

Die angeführten Studien zeigen, dass Persönlichkeitsmerkmale, Temperament und Einstellungen maßgeblich dazu beitragen, ob und in welchem Ausmaß Situationen als stressig erlebt werden. Nicht nur die Wahrnehmung von Stress, sondern auch der Umgang mit Stress werden durch Persönlichkeitsfaktoren beeinflusst. Es wurde beschrieben, dass Typ-A-Menschen in Kombination mit Wut ein höheres Stresserleben nachweisen und dass Pessimismus, Angst, Sorge und depressives Verhalten das Stresserleben intensivieren können.

Im Gegensatz dazu bilden Widerstandskraft (*hardiness*) und eine hohe Frustrationstoleranz (Wiebe, 1991) eine Art Schutzfaktor in der Begegnung mit einem Stressor. Die psychische Widerstandskraft wird auch als Resilienz (*resilience*) verstanden und beschreibt die Fähigkeit, Krisen unter Rückgriff auf interne und externe Ressourcen zu bewältigen, Krisen als Entwicklungschance zu nutzen und aus diesen gestärkt hervorzugehen. Eng verwandt mit dem Begriff der Resilienz ist die Salutogenese (*salutogenesis*), die in den 1980er Jahren vom israelisch-amerikanischen Medizinsoziologen Aaron Antonovsky geprägt wurde. Salutogenese beschreibt Gesundheit als einen dynamischen Prozess, wobei die Fragen nach »Was hält den Menschen gesund?«, »Was fördert Gesundheit?« und »Warum werden einige Menschen unter gesundheitsgefährdenden Umständen nicht krank?« im Vordergund der Forschung stehen.

In diesem Rahmen hält Antonovsky das Kohärenzgefühl (*sense of coherence*) eines Menschen als ein allgemein gesundheitsförderndes Gesamtkonzept, welches drei Aspekte vereint (Antonovsky, 1997):

1. Verstehbarkeit (sense of comprehensibility),
2. Handhabbarkeit (sense of manageability),
3. Sinnhaftigkeit (sense of meaningfulness).

Das Konzept der Verstehbarkeit beschreibt die Fähigkeit, Zusammenhänge im Leben, z. B. krisenhafte Ereignisse, Belastungen, Probleme etc. realistisch einordnen, vestehen und teilweise vorhersagen zu können. Das Konzept der Handhabbarkeit bezieht sich auf das Gefühl, das eigene Leben unter Rückgriff von Ressourcen gestalten zu können. In diesem Sinne werden kritische Ereignisse als Herausforderung gesehen und angenommen mit der Gewissheit, auf irgendeine Art und Weise damit umgehen zu können (▶ Kap. 5). Das Konzept der Sinnhaftigkeit bezieht sich auf das Gefühl, ein sinnvolles Dasein zu führen, welches das Engagement und die Intervention von Seiten des Individuums bei Belastungen rechtfertigen. Ist die Sinnhaftigkeit im Leben gegeben, können Bewältigungsstrategien einfacher mobilisiert werden.

Demnach interpretieren widerstandsfähige Menschen, die ihr Leben als sinnvoll bewerten, stressauslösende Situationen als Herausforderung, welche in Kombination mit zielbewusstem Engagement und erlebter Kontrolle über das eigene Handeln eine erfolgreiche Bewältigungsstrategie darstellt (Kobasa, 1984).

Optimismus ist ebenso wie Kohärenz ein Schutzfaktor bei Sterssbelastungen, da optimistische Menschen kritische Ereignisse als Herausforderung sehen, über ein stärkeres Immunsystem und eine bessere Stimmung im Gegensatz zu Pessimisten verfügen (Segerstrom, Taylor, Kemeny & Fahey, 1998). Optimisten leben um ein Vielfaches länger (Danner, Snowdon & Friesen, 2001; Maruta, Colligan, Malinchoc & Offord, 2002) und sind davon überzeugt, selbstbestimmt handeln zu können, d. h., die Kontrolle über ihre Aktivitäten und Umwelt zu haben (Scheier & Carver, 1992).

Unabhängig vom Grad des Optimismus/Pessimismus zeigen mehrere Studien, dass die wahrgenommene Kontrolle in allen Lebensbereichen – ob beim Arbeiten oder im Alltag – maßgeblich das Stressempfinden beeinflusst. Bei Tier und Mensch lösen unkontrollierbare Bedrohungen die heftigsten Stressreaktionen aus (Dickerson & Kemeny, 2004), welche sich in der Ausschüttung von Stresshormonen, der Zunahme des Blutdrucks und der Abnahme von Immunreaktionen manifestieren (Sapolsky, 2005). Overmier und Murison (1997) sowie Sapolsky (2004) konnten zeigen, dass vom Individuum wahrgenommener unkontrollierbarer Stress mit einer höheren Wahrscheinlichkeit, an einer bakteriellen Infektion zu erkranken, einhergeht und häufig Magengeschwüre entstehen. Die wahrgenommene Kontrolle über seine Umwelt fungiert demnach als Mediator in stressigen Situationen. Generell kann die wahrgenommene Kontrolle das Wohlbefinden und somit die Gesundheit beeinflussen. Beispielsweise fühlen sich Angestellte, die frei über die Anordnung der Büromöbel und Pausen entscheiden können, weniger gestresst (O'Neill & Carayon, 1993). Ältere Menschen, denen Kontrolle über die Gestaltung ihres Alltags gegeben wird (z. B. wann sie fernschauen, wann sie Blumen pflegen), leben länger (Rodin, 1983; Rodin & Langer, 1977). In diesem Zusammenhang kann auch der soziale Status und die damit möglicherweise verbundene Kontrolle bzw. Nicht-Kontrolle über die Gestaltung des Alltags, Wahl des Arbeitsplatzes, finanzielle Freiheit etc. die Gesundheit beeinflussen. Bei Primaten und Menschen konnte festgestellt werden, dass diejenigen Primaten mit einer geringen Rangordnung und diejenigen Menschen mit einem geringen sozioökonomischen Status anfälliger für Stress und somit für Erkrankungen der Atmungsorgane und des Herzens waren (Baum, Garofalo & Yali, 1999; Cohen, Line, Manuck, Rabin, Heise & Kaplan, 1997; Sapolsky, 2005). Interessanterweise scheint es dabei nicht nur der objektive sozioökonomische Status zu sein, der Gesundheit, Stresslevel, Schlafrhythmus etc. beeinflusst, sondern der subjektiv wahrgenommene sozioökonomische Status (Adler, Epel, Castellazzo & Ickovics, 2000), was sich mit unseren vorherigen Aussagen zur subjektiven Stresswahrnehmung deckt.

An dieser Stelle ist jedoch kritisch anzumerken, dass Menschen mit einem objektiv geringen sozioökonomischen Status möglicherweise einen eingeschränkten Zugang zur gesundheitlichen Versorgung haben und aus diesem Grund einen höheren Krankenstand aufweisen (vgl. Schootman, Jeffe, Reschke & Aft, 2003). Zudem könnten finanzielle Engpässe dazu führen, dass die Ernährung einseitig ausfällt und die Lebensmittelqualität eher gering ist, worauf mehrere Studien hinweisen (Dubowitz et al., 2008; Hatløya, Hallunda, Diarraa & Oshauga, 2000).

Weiterhin möchten wir in Bezug auf das Beispiel von Primaten mit geringer Rangordnung und hohem Krankheitsrisiko anmerken, dass Tiere, die in der Hackordnung die unteren Plätze einnehmen, möglicherweise schon von Geburt an schwächer sind, ihnen nicht derselbe Zugang zu Futter gewährt wird und sie daher anfälliger für Krankheiten sein können.

5 Bewältigungsstrategien (*coping*)

Wie bereits im vorherigen Kapitel skizziert, sind Bewältigungsstrategien essenziell, um Stresssituationen zu meistern. Eine Bewältigungsstrategie (auch Coping genannt) beschreibt den dynamischen Umgang mit Stress, dessen Ziel es ist, belastenden inneren und äußeren Anforderungen, welche die Ressourcen eines Individuums herausfordern, so zu begegnen, dass für die Person kein Schaden entsteht (vgl. Lazarus & Folkman, 1984). Als Coping werden alle Anstrengungen des Individuums betrachtet, die benötigt werden, um dem Stressor zu begegnen, d. h. sowohl kognitive als auch behaviorale Anstrengungen. Verschiedene Aspekte können das Stressempfinden abpuffern und oftmals einen effizienten und langfristig wirksamen Umgang mit dem Stressor ermöglichen.

Die Anwendung von Bewältigungsstrategien ist jedoch nicht immer per se erfolgreich oder angemessen. Beispielsweise kann der Konsum von Alkohol oder Drogen, um Probleme zu bewältigen bzw. zu verdrängen, dem Individuum und möglicherweise auch seiner Umwelt schaden.

Nicht nur durch die subjektive Einschätzung der Anforderungssituation (siehe Transaktionales Stressmodell), sondern auch durch kognitive, affektive und verhaltensorientierte Bewältigungsstrategien wird das Individuum zum aktiven Gestalter in Stresssituationen, mit dem Ziel, gesundheitliche Beeinträchtigungen abzuwenden. Lazarus (1993) betont, dass neben stabilen Bewältigungsstrategien, welche eine Person bevorzugt anwendet, Coping kontextabhängig ist und somit über Zeit und Stresssituation variiert. Demnach ist Coping prozessorientiert und nicht trait-orientiert, d. h., dass Gedanken und Handlungen situationsabhängig sind und im spezifischen Kontext entstehen. Die Person handelt demnach nicht so, wie sie gewöhnlich handelt, was dem Trait-Konzept entsprechen würde. Lazarus räumt jedoch ein, dass Persönlichkeitsfaktoren wie Optimismus (▶ Kap. 4) eine relativ stabile Bewältigungsstrategie darstellen und Individuen auf Grundlage ihrer Persönlichkeit möglicherweise bestimmte Copingstrategien gehäuft anwenden. Wenn ein extravertierter Mensch beispielsweise mit einer konfrontativen, problemorientieren Strategie vertraut ist und in der Vergangenheit damit erfolgreich war, ist die Wahrscheinlichkeit hoch, dass diese Strategie wieder zur Anwendung kommt. Es wäre demnach unwahrscheinlich, dass diese Person ein Vermeidungsverhalten als Bewältigungsstrategie zeigen würde.

Im Sinne des prozessorientierten Charakters von Bewältigungsstrategien, läuft Coping nicht automatisch ab. Die kognitive und behaviorale Anstrengung, wie es Lazarus und Folkman (1984) betiteln, schließt automatische Abläufe aus. Diese Abläufe können jedoch durch häufiges Auftreten zunehmend automatisiert werden.

Wie bereits in Kapitel 3.1 beschrieben, gibt es problemorientierte Bewältigungsstrategien, bei denen das Individuum unmittelbar dem Stressor begegnet, da es sich mehr oder weniger in der Lage fühlt, die Situation zu meistern. Der direkte Umgang mit dem Stressor ist Ziel dieser Strategie und kann das Kämpfen, Flüchten, Vorbeugen von weiterem Stress oder die Suche nach Alternativen beinhalten (Lazarus, 1975).

Hingegen wenden sich Individuen eher dem emotionsorientierten Coping zu, wenn sie meinen, dass sie eine Situation nicht direkt ändern können, d. h. den Stressor nicht beeinflussen können, jedoch durch eine veränderte Einstellung zur Situation dieselbe bewältigen, wie beispielsweise durch emotionale Distanz. Dazu gehören außerdem Maßnahmen, die sowohl den physischen Zustand beeinflussen (Entspannung, Biofeedback, Drogen) als auch den kognitiven Zustand (Selbstreflexion, Ablenkung). Darüber hinaus kann auch eine Therapie zu den emotionsorientierten Strategien gehören, in der es darum gehen könnte, unbewusste Prozesse steuern zu lernen (Lazarus, 1975).

Eine strikte Trennung in problemorientiertes und emotionsorientiertes Coping, wie es Lazarus und Kollegen in ihren Arbeiten vornehmen (Lazarus, 1975; Lazarus & Folkman, 1984), konnte jedoch nicht in allen Studien repliziert werden (Connor-Smith, Compas, Wadsworth, Harding Thomsen & Saltzman, 2000; Phelps & Jarvis, 1994). Klar ist jedoch, dass die Wahrscheinlichkeit, einem Stressor erfolgreich zu begegnen, mit der Quantität der zur Verfügung stehenden Strategien wächst. Je mehr Copingstrategien dem Individuum zur Verfügung stehen, desto eher ist es in der Lage, die für die Situation am erfolgversprechendste Strategie anzuwenden (Taylor & Clark, 1986).

Die kognitive Bewältigung stellt eine weitere Strategie des Copings da. Lazarus beschreibt in seinem Transaktionalen Stressmodell bereits die kognitive Bewertung des Stressors (*primary appraisal*) wie auch die erneute kognitive Bewertung (*reappraisal*) nach der Eruierung der zur Verfügung stehenden Ressourcen (*secondary appraisal*) (▶ Kap. 3.1). Die kognitive Neubewertung ist eine Form der Stressbewältigung, da verändertes Denken über den Stressor und mögliche bedrohliche Konsequenzen in einem anderen Licht gesehen werden und der Stressauslöser somit weniger gefahrvoll ist (Lazarus & Lazarus, 1994).

Bei der Bewältigung von Stress spielt auch die wahrgenommene Kontrolle (▶ Kap. 4) eine zentrale Rolle. Wenn Individuen davon überzeugt sind, Kontrolle über das Geschehen zu haben, fühlen sie sich dem Stressor und seinen Folgen nicht ausgeliefert, sondern können als Akteur dem Stressor begegnen, um möglichen negativen Konsequenzen vorzubeugen bzw. diesen entgegenzuwirken.

In der Literatur findet man vier Kontrollarten, die zu einer wirksamen Bewältigungsstrategie beitragen (Zimbardo & Gerrig, 1999):

1. Die Informationskontrolle bezieht sich auf das Wissen, was zu erwarten ist.
2. Die kognitive Kontrolle beschreibt die Flexibilität, das Denken so zu verändern, dass der Stressor nicht mehr als solcher wahrgenommen wird.

3. Die Entscheidungskontrolle beinhaltet ein Spektrum von Alternativen, das dem Individuum zur Verfügung steht.
4. Die Verhaltenskontrolle beinhaltet Maßnahmen zur Reduzierung der negativen Konsequenzen, die aus dem Stressor hervorgehen können (vgl. Zimbardo & Gerrig, 1999).

6 Soziale Unterstützung als Copingstrategie

Des Weiteren stellt soziale Unterstützung eine der wirksamsten Bewältigungsstrategien dar, um Stress abzubauen bzw. diesem zu begegnen (Taylor, 2007). Soziale Unterstützung beschreibt das Gefühl, von anderen Individuen umsorgt, geliebt und wertgeschätzt zu werden, was nicht nur glücklich macht, sondern auch gesund hält (Meyers, 2014). Das Bedürfnis dazuzugehören, ob zu einer Gruppe oder zu einer bilateralen Beziehung, ist eines der Grundbedürfnisse des Menschen (Baumeister & Leary, 1995; Osterman, 2000), welcher nach Integration, gegenseitigem Vertrauen, Sicherheit und Anerkennung strebt (Furman, 2012).

Cohen und Wills (1985) untersuchten die unterstützende Rolle von sozialen Netzwerken wie Familie, Freunde, Kommilitonen und Arbeitskollegen hinsichtlich des Stresslevels von Individuen und formulierten die Puffer-Hypothese (*Buffering Hypothesis*). Letztere besagt, dass unterstützende und fürsorgliche Beziehungen Gefühle von Stress abschwächen (abpuffern), da die soziale Unterstützung zum Wohlbefinden beiträgt (Cohen & Hoberman, 1983). Studien zeigen, dass insbesondere in stressigen Situationen soziale Unterstützung zu einem Lebensretter für Individuen werden kann. Die Unterstützung durch andere Menschen stellt eine fundamentale Ressource bei der Stressbewältigung dar und wird als einer der elementarsten Bausteine von sozialer, psychologischer und biologischer Integrität verstanden (Hobfoll, Freedy, Lane & Geller, 1990). In diesem Sinne formulieren Taylor und Kollegen (2000, Taylor, 2006) die evolutionsbasierte *tend-and-befriend hypothesis*, nach der sich Frauen in bedrohlichen, stressauslösenden Situationen hilfesuchend an andere Individuen wenden, um ihren Nachwuchs zu schützen. Die Forscher vermuten, dass dieser Prozess durch Oxytocin mediiert und durch Sexualhormone moderiert wird. Studien unterstützen die *tend-and-befriend hypothesis* und erweiterten diese um männliche Probanden. Beispielsweise fanden Dawans und Kollegen (2012) heraus, dass Männer, die in einer Laborsituation akuten Stress erlebten, deutlich mehr prosoziales Verhalten zeigten (Vertrauen, Zuverlässigkeit, teilen mit anderen) im Vergleich zur Kontrollgruppe, die keinen Stress erlebte.

Weitere Untersuchungen haben gezeigt, dass Menschen, die ein Gefühl der Zugehörigkeit zu einer Gruppe oder einem anderen Menschen berichten, weniger ängstlich und depressiv sind (Lee & Robbins, 1998), sich generell wohler fühlen (Mauss et al., 2011) und ein höheres Gefühl von Selbstwirksamkeit haben (Walton, Cohen, David & Spencer, 2011). Um einem Stressor entgegenzuwirken, reicht es sogar aus, in einer stressigen Situation *einen* besten Freund an seiner Seite zu haben (Adams, Santo & Bukowski, 2011). Eine andere Studie zeigte, dass bei Studierenden das Stresslevel ansteigt, wenn eine Prüfung bevorsteht. Dieses erhöhte Stresslevel ging mit Schlafstörungen, somatischen Symptomen, sozialen und kognitiven Beeinträchtigungen, und Depression einher, welche wiederum zu einem erhöhten Alkoholkonsum bei den Studierenden führten. Bei denjenigen, die jedoch soziale Unterstützung erfuhren, sank der Alkoholkonsum, obwohl sie sich durch die bevorstehende Prüfung gestresst fühlten (Steptoe, Wardle, Pollard, Canaan & Davies, 1996).

Aktuelle Studien, die aus der Forschungsgruppe SELF (Sozio-Emotionale Lernfaktoren, www.self-project.de) hervorgehen, zeigen, dass soziale Beziehungen mit Peers und Lehrern in der Schule eine fundamentale Rolle spielen, wenn es um die Reduzierung von Prüfungsängsten und dem Stresserleben geht. Außerdem können positive Beziehungen zu Mitschülern und Lehrern das Selbstkonzept, Schulengagement und die Leistungsmotivation begünstigen (Bakadorova & Raufelder, 2015; Hoferichter & Raufelder, 2013; Raufelder, Hoferichter, Schneeweiß & Wood, 2015). Neurowissenschaftliche Studien in der Forschergruppe SELF haben gezeigt, dass die Beziehung zur Lehrkraft sogar die Intensität der Verarbeitung von Stressoren im Gehirn beeinflussen kann (Raufelder, Hoferichter, Pöhland, Golde, Lorenz & Beck, 2015). Es hat sich zum Beispiel gezeigt, dass Schüler, die über eine positive Beziehung zu ihrer Lehrkraft berichten, eine hohe Gehirnaktivität in der Amygdala aufweisen, wenn sie ängstliche Lehrergesichter betrachten, was wiederum mit erhöhter Besorgnis in Prüfungssituationen einhergeht. Die Amygdala spielt nicht nur eine zentrale Rolle bei der Verarbeitung von Emotionen, insbesondere in Situationen der Bedrohung und Gefahr, sondern auch bei Erinnerungs- und Aufmerksamkeitsprozessen (Fanselow & Gale, 2003; Gallagher & Chiba, 1996).

Wie wichtig soziale Beziehungen für die Gesundheit sind, wird einmal mehr in Studien vom *Mind and Biology Institute* in Chicago deutlich. Williams und Kollegen (2009) trennten geklonte, also genetisch identische Mäuse voneinander; eine Maus wurde von der Gruppe getrennt und musste folglich in Isolation leben, konnte die Gruppe sehen, jedoch nicht interagieren. Die Ergebnisse zeigen, dass die sozial isolierte Maus eine höhere Anzahl an Tumoren aufwies im Vergleich zu den Mäusen, die in der Gruppe lebten. Die isolierte Maus hatte demnach einen 3,3-fach schnelleren Tumorwuchs und eine 40-prozentige verringerte Überlebenswahrscheinlichkeit. Wie dieses Experiment zeigt, führt soziale Isolation bei Mäusen zu Stress und folglich zu genetischen Defekten. Ähnliche Mechanismen konnten auch für Menschen nachgewiesen werden; es zeigte sich, dass allein lebende Frauen mit wenig sozialen Kontakten einen veränderten Metabolismus und eine höhere Todesrate an Krebs aufweisen im Vergleich zu Frauen, die sich in eine Gemeinschaft eingebunden fühlten (University of Chicago, 2008). Zudem zeigen Studien, dass verheiratete Menschen länger und gesünder leben als Unverheiratete (Murray, 2000; Wilson & Oswald, 2002), was unabhängig von Alter, ethnischer Zugehörigkeit und Einkommen war (National Center for Health Statistics, 2004). Nicht nur Menschen, sondern auch Haustiere, können zu einem erhöhten Wohlbefinden beitragen. Studien haben gezeigt, dass diejenigen Menschen, die allein wohnen, sich eher von einer stressreichen Situation erholen, wenn sie ein Haustier haben (Allen, Blascovich & Mendes, 2002). Menschen mit Haustieren, insbesondere mit Hunden, suchen auch weniger ihren Arzt auf als Menschen ohne Haustiere (Siegel, 1990).

Soziale Unterstützung durch Mensch und Tier stellt demnach eine essenzielle Komponente bei der Stressbewältigung dar. Die Unterstützung durch die Familie und andere Mitmenschen ist ein einfaches und »kostengünstiges« Mittel, um Stress abzubauen, Stress vorzubeugen und das Wohlbefinden zu sichern.

7 Stress und Kultur

Ein wichtiger Aspekt, der zum Verständnis der Komplexität von Stress beiträgt, ist die Kultur. Denn es ist gerade die Kultur, welche durch Werte und Normen die eigene Wahrnehmung prägt, was Lazarus bereits in seinem Stressmodell (▶ Kap. 3.1) deutlich gemacht hat. Die Sozialisation von Individuen ist maßgeblich durch kulturelle Rahmenbedingungen geprägt und beeinflusst unter anderem Einstellungen, Denkmuster, Verhaltenskodizes, die eigene Identität und das Rollenverständnis. Nach Bronfenbrenner (1979) stellt die Kultur das Makrosystem (Normen, Werte, Tradition, Gesetze, Ideologien) dar, welches auf individueller Ebene unser Mikrosystem beeinflusst, d. h. die Art und Weise unserer persönlichen Beziehungen, die wir zu anderen Menschen pflegen. Bislang wurden die vorherrschenden Theorien und Implikationen zum Thema Stress vorwiegend durch eine monokulturelle Perspektive, die in der westlichen Welt verankert ist und demnach individualistische Werte widerspiegelt, bestimmt (Hobfoll, 2001). Kuo (2011) gibt in seiner Arbeit einen Überblick zu bisher veröffentlichten interkulturellen Studien, die sich mit dem Thema Stress auseinandersetzen.

Kulturvergleichende Studien greifen oft auf einen Vergleich von individualistischen versus kollektivistischen Gesellschaften zurück (vgl. Hofstede, 1980; Triandis, 1995). Generell gehen Kulturforscher davon aus, dass in individualistisch geprägten Gesellschaften die persönlichen Bedürfnisse und Selbstverwirklichung des Individuums im Vordergrund stehen. Beziehungen werden rational hinsichtlich ihrer Vor- und Nachteile bewertet. Kollektivistische Gesellschaften hingegen sind am Wohl der Gemeinschaft orientiert, die Beziehung der Individuen ist eng und durch Loyalität geprägt (vgl. Triandis, 1995). Trotz dieser simplifizierten Unterteilung des Untersuchungsgegenstandes kann diese Gliederung eine erste Annäherung an die Materie sein, wenn es darum geht, Nationen mit unterschiedlichen politisch-gesellschaftlichen Ausrichtungen zu untersuchen. Bei empirischen Untersuchungen lohnt es sich dabei immer, den Blick auf den Ort der Datenerhebung zu richten, um möglichen Pauschalaussagen zu entgehen. Beispielsweise wird China generell als kollektivistische Gesellschaft eingeordnet, eine Erhebung in der Metropole Hong Kong spiegelt möglicherweise jedoch weniger das kollektivistische Denken Chinas wider, da die Metropole als bedeutendes Wirtschafts- und Finanzzentrum gilt und sowohl freie Martkwirtschaft als auch hohe Autonomie charakteristisch sind. Gleichmaßen können sich Erhebungen in Russland mit einer kollektivistischen Tradition unterscheiden. Erhebungen in der 12-Millionen-Stadt Moskau divergieren möglicherweise von Erhebungen im ländlichen und bevölkerungsarmen Sibirien.

Das vom kulturellen Kontext geprägte Umweltverständnis des Individuums beeinflusst die Stresswahrnehmung und -bewältigung grundlegend. Die politischökonomische und ideelle Ausrichtung einer Gesellschaft formt die Individuen, die aus ihr hervorgehen. Somit wird die Konstruktion des Selbst und, damit verbunden, die kulturelle Identität wie auch die persönliche Einstellung zur Umwelt maßgeblich vom kulturellen Kontext geprägt (vgl. Kim, Sherman & Taylor, 2008; Triandis, 1989).

In diesem Sinne, beschreiben Markus und Kitayama ein unabhängiges Selbst (*independent self*), dessen Ausprägung vor allem in individualistisch geprägten Gesellschaften zu beobachten ist. Das unabhängige Selbst zeichnet sich durch, wie der Name es beschreibt, Unabhängigkeit und Einzigartigkeit aus und steht als Entität anderen Personen und der Welt gegenüber (Gertz, 1875; Markus & Kitayama, 1991; Sampson, 1988). Im Gegensatz zum unabhängigen Selbst versteht sich das interdependente Selbst (*interdependent self*) als Teil des Ganzen, d. h. der Welt. Es steht in wechselseitiger Beziehung mit der sozialen Umwelt, ist sozusagen mit ihr verschmolzen und definiert sich über die soziale Gemeinschaft (Kitayama & Cohen, 2007), was charakteristisch für die sogenannten kollektivistischen Gesellschaften ist.

Diese beiden Formen des Selbst begründen wohl auch die Unterschiedlichkeit in der Stressbewältigung von Individuen aus verschiedenen Kulturen. Kim und Kollegen (2008) fanden heraus, dass gestresste Menschen aus kollektivistisch-asiatisch geprägter Umgebung dazu neigen, weniger soziale Unterstützung aufzusuchen, da sie ihre Familie, Freunde und Kollegen nicht belasten wollen. Miedema und de Jong (2005) weisen darauf hin, dass das Konzept der sozialen Unterstützung ein vager Begriff ist und in verschiedenen Kulturen eine unterschiedliche Bedeutung haben kann. Die unterschiedliche Bedeutung von Konstrukten stellt die größte Herausforderung von kulturvergleichenden Studien dar. Bereits unter Individuen innerhalb einer Kultur können bestimmte Begriffe mit unterschiedlichen Assoziationen behaftet sein.

Die Stressbewältigung hat bereits im Kindesalter ihre Wurzeln und variiert über verschiedene Kulturen. Säuglingsstudien zeigen, dass Babys in traditionell kollektivistisch geprägten Gesellschaften wie Indien und Afrika weniger schreien, da ihre Mütter auf die Bedürfnisse des Kindes sofort reagieren, wohingegen in westlich orientierten individualistischen Gesellschaften die Mütter das Schreien eher als einen Zustand, nicht als Signal, verstehen und Sorge haben, ihr Kind durch beispielsweise zu häufigen körperlichen Kontakt zu »verwöhnen« (Bensel, 2003; LeVine & LeVine, 1963). Tatsächlich halten Mütter aus Berlin und Los Angeles es für normal, wenn ihr Kind bis zu drei Stunden am Tag schreit, wohingegen Mütter aus Indien und Kamerun es für normal halten, wenn ihr Kind weniger als eine Stunde pro Tag schreit (Lamm, 2012). Demnach haben nicht nur die Mütter ein unterschiedliches Stressempfinden, wenn es um das Schreien ihres Babys geht, sondern prägen durch ihr Verhalten wiederum das Verhalten und Empfinden des Babys.

Ein anderes Beispiel für das divergente Verhalten im Umgang mit Stress in unterschiedlichen Kulturen führen McCarty und Kollegen an (1999). Sie fanden heraus, dass thailändische Kinder und Jugendliche im Alter von 6 bis 14 Jahren zweimal mehr emotionsorientierte Bewältigungsstrategien anwandten im Vergleich zu Kindern und Jugendlichen aus Nordamerika. D. h., dass thailändische

Kinder und Jugendliche eher dazu neigen, die eigene Interpretation, eigene Wünsche und Überzeugungen zu modifizieren, um mit Stressoren umzugehen. Ähnliche Untersuchungen ergaben, dass japanische Studierende eher dazu neigten, emotionsorientierte Bewältigungsstrategien anzuwenden im Vergleich zu britischen Studierenden (O'Connor & Shimizu, 2002). Die vorwiegende Anwendung emotionsorientierter Bewältigungsstrategien bei Individuen aus Thailand und Japan betont kulturspezifische Aspekte wie Interdependenz, Respekt und Rücksichtnahme gegenüber anderen Individuen. Wohingegen Kinder und Jugendliche aus Nordamerika und Großbritannien in ihren Bewältigungsstrategien einen Fokus auf persönliche Kontrolle und direkte Handlungen legen, was wiederum ein Charakteristikum für individualistisch geprägte Gesellschaften ist. Die angeführten Studien sind ein Beispiel dafür, dass nicht nur die Stressforschung, sondern auch andere Forschungsfelder von kulturübergreifenden Studien profitieren können, da diese übergreifenden Untersuchungen am ehesten die Realität einer global orientierten Welt abbilden und der »Akontextualität«, wie es Folkman und Moskowitz (2004) nennen, entgegenwirken.

Empfohlene Literatur

Genkova, P., Ringeisen, T. & Leong, F. T. L. (Hrsg.) (2013). Handbuch Stress und Kultur: Interkulturelle und kulturvergleichende Perspektiven
Der Band leistet einen Beitrag zur Stressforschung unter Einbeziehung kultureller Gegebenheiten.

Prüfungsangst

8 Prüfungsangstforschung

Die moderne Gesellschaft versteht sich zunehmend als eine »test-oriented« und »test-consuming« Kultur (vgl. Zeidner, 2004, S. 4), in der es im Verlauf der Lebensspanne fast unmöglich geworden ist, nicht mit Prüfungen konfrontiert zu werden und sich von anderen Menschen messen und beurteilen zu lassen (vgl. Sarason, 1959).

In Übereinstimmung damit ist Prüfungsangst die Emotion, die unter Schülern und Studenten am häufigsten genannt wird und ist zugleich ein wichtiger Einflussfaktor für die Leistungserbringung, das Selbstkonzept, die Persönlichkeit und die psychosomatische Gesundheit (Pekrun, 2000).

> **Exkurs**
>
> **Prüfungsangst** kann in Vorbereitung auf die Prüfungssituation oder in der Prüfungssituation selbst auftreten, wird als störend und unangenehm empfunden und schränkt das Individuum ein, sein volles Potenzial zu nutzen.
> **Prüfungsängstlichkeit** beschreibt die generelle Neigung, Angst in Leistungssituationen zu empfinden und als selbstbedrohlich wahrzunehmen (Schwarzer, 2000).

Nach einer Tagebuch-Studie gehören schulische Stressoren, wie Leistungsdruck, Nervosität vor Tests und die Angst vor schlechten Noten zu den häufigsten Alltagsbelastungen von Kindern und Jugendlichen (Seiffge-Krenke, 1995). Dabei fühlen sich laut einer Studie 56 % der befragten Schüler überfordert, 73 % haben Angst vor schlechten Noten und 53 % der Schüler sind davon überzeugt, dass sie mehr leisten könnten, wenn sie weniger Angst hätten (Katschnig & Hanisch, 1999). Die Angst vor Prüfungen ist dabei unabhängig von der Schulform unter den Schülern verbreitet (vgl. Winkel, 2009).

Die Präsenz des Phänomens Prüfungsangst zeigt sich neben wissenschaftlichen Studien und Abhandlungen aus den Bereichen der Bildungswissenschaften, Psychologie und Neurowissenschaften vor allem in der Ratgeberliteratur, die in den letzten Jahren den Büchermarkt erobert hat. Ratsuchende sind bereits Grundschüler bzw. deren Eltern, Jugendliche, Studenten und Erwachsene, die Tipps und Tricks gegen die Angst vor Prüfungen suchen. Für Schulkinder versprechen Titel wie »Mit dem Tiger um die Wette: Geschichten, Tipps und Übungen bei Prüfungsangst und Stress« (Mayer-Skumanz, Heringer & Heringer, 2004) oder »Schule ohne Bauchweh« (Nitsch & von Schelling, 2001) einen gezielten Umgang mit und den Abbau von Prüfungsangst im schulischen Kontext. Darüber hinaus suggerieren Ratgeber wie »Alptraum Prüfung [...]« (Tabbert-Haugg, 2003) oder ein »Survivalguide« (Bensberg & Messer, 2010) eine Art Überlebenskampf im Umgang mit Prüfungen, wobei Letztere »so beliebt wie eine Magen-Darm-Grippe oder eine gerichtliche Vorladung [sind]« (Böss-Ostendorf & Senft, 2005). Unter den Ratgebern werden »Rezepte gegen Prüfungsangst« (Wichmann, 2003) versprochen, wobei alle Hilfen und Mittel recht sind, um die Angst zu bekämpfen. Neben praktischen Bewältigungsstrategien versprechen Selbsthypnose, Akupunktur und Naturheilkunde: »Nie mehr Prüfungsangst« (Kerckhoff, 2010).

Empfohlene Literatur

Fehm. L. & Fydrich, T. (2013). Ratgeber Prüfungsangst. Göttingen: Hogrefe.
In diesem Ratgeber wird Prüfungsangst näher beleuchtet und Bewältigunsmöglichkeiten wie Zeitmanagement, Entspannungstechniken und gedankliche Techniken vorgestellt.
Knigge-Illner, H. (2010). Prüfungsangst besiegen: Wie Sie Herausforderungen souverän meistern. Frankfurt: CampusConcret.
Dieser Ratgeber bietet einen Einblick in praktische Methoden zum Abbau von Prüfungsangst.

Keine andere Emotion wie die Prüfungsangst (im Folgenden synonym mit Leistungsangst, vgl. Cortina, 2008; Rost & Schermer, 1987; Schwarzer, 2000) ist in der Theorie und Praxis derart umfangreich über Jahrzehnte thematisiert worden, dass mittlerweile mehr als eintausend empirische internationale Studien zu diesem Thema vorliegen (Wild, Hofer & Pekrun, 2006). Trotz jahrzehntelanger Auseinandersetzung mit dem Konstrukt Prüfungsangst gibt es bislang keinen Konsens über Entstehungsmodelle bzw. essenzielle Komponenten der Prüfungsangst und deren Einfluss auf das Verhalten (Spielberger, Diaz-Guerrero & Strelau, 1990). In einem Aufsatz schreiben beispielsweise Rost und Schermer bereits Ende der 1980er Jahre:

> »Die vielen vorgelegten Ansätze, eine begrifflich-globale Definition von ›Angst‹ vorzunehmen, sind unbefriedigend: In ihrem Versuch, ›alles‹ zu sagen, bleiben sie letztlich ›nichts‹-sagend.« (Rost & Schermer, 1987, S. 14)

Tatsächlich fehlt auch heute noch ein komplexes Erklärungsmodell, welches die Ergebnisse über Prüfungsangst aus Sicht verschiedener Forschungsrichtungen interdisziplinär zusammenführt. Prüfungsangst wurde im Bereich der Psychologie vor allem hinsichtlich der Auffindung kognitiver Erklärungsmodelle betrachtet, wobei in den Bildungswissenschaften der Fokus bislang vor allem auf Lernprozessen und der Unterrichtsgestaltung lag (vgl. Schnabel, 1998). Darüber hinaus leisten die sich neu herausgebildeten Neurowissenschaften einen Beitrag zur Emotionsforschung (z. B. Angst), wobei Emotionszentren im Gehirn und deren Wirkung auf das Lernen erforscht werden (vgl. Hüther, 2011; Spitzer, 2009).

Durch die Etablierung einzelner Fachrichtungen und die relativ jungen Neurowissenschaften wurde das Konstrukt Prüfungsangst über Jahrzehnte sehr spezifisch untersucht, ohne Schnittstellen zu anderen Fachrichtungen zu suchen bzw. von einer interdisziplinären Herangehensweise zu profitieren. Demnach gibt es bislang kein einheitliches Bild, welches Prüfungsangst in ihrer Komplexität abbildet, definiert und Einflussfaktoren interdisziplinär untersucht.

9 Komponenten und Messinstrumente der Prüfungsangst – von den Ursprüngen bis heute

> »Test anxiety may be defined as anxiety which subjectively relates to tests [including exams as well] and their consequences. Typically, being afraid of failing a test, and of the consequences of failing, is at the heart of this emotion. Seen from the perspective of trait-state conceptions of anxiety, such anxiety is a state emotion when it relates to a specified test and is experienced before or during that test. As it is experienced habitually over extended periods of time and for dispositional reasons, test anxiety is a situation-specific type of trait anxiety. Trait test anxiety may be an important part of a student´s personality. [...]« (Pekrun, 2001, S. 15610)

Anhand dieser Definition aus der *International Encyclopedia of the Social and Behavioral Sciences* (2001) wird die Komplexität von Prüfungsangst deutlich. Sie wird durch die Überlagerung bzw. Wechselwirkung von subjektiver Wahrnehmung, bestimmter Intensität und durch Komponenten wie Persönlichkeit, Bewältigungsstrategien, dem schulischen Kontext und vorangegangener Testerfahrung bedingt.

Studien weisen darauf hin, dass Schüler mit einem erhöhten inhärenten Angstniveau eher dazu neigen, in bestimmten Situationen mit Prüfungsangst zu reagieren, als durchschnittlich ängstliche Schüler (Spielberger & Vagg, 1995). Folglich kann das Auftreten von Prüfungsangst einerseits durch eine hochängstliche Persönlichkeit (*trait anxiety*) begünstigt, andererseits durch die Testsituation selbst (*state anxiety*) hervorgerufen werden oder eine Kombination beider Faktoren sein (*situation-specific type of trait anxiety*). Nach Pekrun ist Prüfungsangst eine Emotion, die in Zusammenhang mit erwartetem Misserfolg und dessen Konsequenzen in bestimmten Testsituationen (*situation-specific*) auftritt und Teil der Persönlichkeit (*trait*) sein kann (Pekrun, 2001). Das Konstrukt der *trait und state anxiety* wird im folgenden Kapitel näcker beleuchtet.

Das Konstrukt der *trait and state anxiety* wurde bereits in den 60er Jahren von Spielberger entwickelt und hat sich in der psychologischen Angstforschung etabliert (Spielberger, 1966). *Trait anxiety* (Ängstlichkeit, Angstneigung) stellt einen stabilen, individuellen und somit relativ permanenten Faktor der Persönlichkeit dar, verbunden mit einem unangenehmen Gefühl innerer Anspannung und Besorgtheit. Unter *state anxiety* (Zustandsangst) versteht man eine Emotion, die über einen Zeitverlauf stark variiert, d. h. vorübergehend ist. Das Auftreten von Zustandsangst ist von der individuellen Einschätzung der Situation abhängig (Spielberger, 1983), welche wiederum stark von der *trait anxiety* beeinflusst sein kann.

In der Weiterentwicklung hat sich ein Hybrid-Konstrukt etabliert, in dem eine klare Trennung von Angstneigung (*trait*) und Zustandsangst (*state*) aufgehoben wird und als *situation-specific type of trait anxiety* beide Faktoren (*state and trait*) in einem Modell zusammengeführt werden (Cattell, 1966; Spielberger, 1966; Spielberger, Vagg, Baker, Donham & Westberry, 1980). Pekrun (2001) geht in der eingangs angeführten Definition mit dem Konzept von Spielberger und Vagg (1995) konform, indem er Prüfungsangst als *state emotion* definiert, was sich weitestgehend in der Begrifflichkeit mit dem Faktor *state anxiety* überschneidet. Darüber hinaus wird in der Definition auf den engen Charakter von *state and trait anxiety* hingewiesen, indem die Leistungsangst als »*situation-specific type of trait anxiety*« deklariert wird. Demnach ist Prüfungsangst eine Emotion, die in Zusammenhang mit erwartetem Misserfolg und deren Konsequenzen in bestimmten Testsituationen (*situation-specific*) auftritt und Teil der Persönlichkeit (*trait*) sein kann (Pekrun, 2001). Andere Begriffserklärungen ergänzen die physiologische und verhaltensspezifische Reaktion in evaluativen Situationen, welche sich durch erhebliche Sorge, eindringliche Gedanken, mentale Desorganisation, Spannung und physische Erregung äußert (Zeidner, 2004). Zudem beschreiben Fehm und Fydrich in Anlehnung an Bühnenangst (»Lampenfieber«) die Leistungsangst als »den Bedingungen der Prüfungsvorbereitung und der Prüfung selbst nicht angemessen[es]« Phänomen (Fehm & Fydrich, 2011). Die Definitionsansätze erweiternd, beschreibt Schwarzer (2000) Leistungsangst als Ausdruck eines Stresserlebens und als soziale Angst, in der die Identität und der Selbstwert aufgrund der ungünstigen Ursachenzuschreibung (Attributionsstil) als bedroht erlebt werden. Die umfangreichen Definitionen zur Prüfungsangst fasst Schwarzer schließlich in drei Dimensionen wie folgt zusammen: Leistungsanforderung (1. Dimension), die durch subjektive Einschätzungsprozesse als Selbstwertbedrohung (2. Dimension) wahrgenommen wird und infolgedessen die Komponenten Besorgtheit (*worry*) und Aufgeregtheit (*emotionality*) (3. Dimension) entstehen.

Die Prüfungsangstkomponenten *worry* und *emotionality* gehen auf die Zwei-Komponenten-Theorie von Liebert und Morris (1967) zurück und können als Indikatoren für Prüfungsangst herangezogen werden. Dabei bezieht sich *worry* (Besorgtheit) auf die kognitive Komponente und *emotionality* (Aufgeregtheit) auf die affektive physiologische Komponente der Prüfungsangst.

Erste Studien zur Messung von Prüfungsangst entstanden in den 50er Jahren des letzten Jahrhunderts, wobei Mandler und Sarason (1952) mit ihrer Pionierforschung zum Einfluss von *test anxiety* auf das Lernen einen wegweisenden Beitrag zur Angstforschung im Bildungskontext leisteten. Der von ihnen entwickelte Fragebogen (*Test Anxiety Questionnaire* [TAQ], später *Test Anxiety Scale* [TAS] von Sarason, 1958) zur Messung von Prüfungsangst deutete bereits auf ein multidimensionales Konstrukt hin, bestehend sowohl aus affektiven, kognitiven und physiologischen Faktoren als auch aus Komponenten der Persönlichkeit und vorangegangener Erfahrungen mit Prüfungssituationen. Dieses erste Konstrukt zur Prüfungsangst wurde von Liebert und Morris zum Fragebogen *Worry-Emotionality Questionnaire* (W-E Q) erweitert und hat sich in der psychologisch-empirischen Angstforschung mit den zwei Komponenten *worry* und *emotionality* etabliert (Liebert & Morris, 1967). Seitdem wurden zwar einige Modifikationen der Messinstrumente vorgenommen, die sich in einer Vielzahl von Instrumenten zur Messung von Prüfungsangst niederschlagen (*Inventory of Test Anxiety* [ITA] von Osterhouse, 1972; *State Test Anxiety Scale* [STAS] von Hong, 1998; *Test Anxiety*

Inventory for Children and Adolescents [TAICA] von Lowe und Kollegen, 2008), die eigentlichen Komponenten *worry* und *emotionality* behielten dabei jedoch ihre zentrale Stellung.

Das derzeit am häufigsten eingesetzte Instrument zur Prüfungsangstmessung ist das *Test Anxiety Inventory* (TAI) von Spielberger (1980). Ein deutsches Äquivalent wurde von Hodapp, Laux und Spielberger (1982) unter dem Namen Test *Anxiety Inventory* (TAI-G) eingeführt. Auch wenn das Instrument nach wie vor weltweit in der Angstforschung dominiert, gibt der zweidimensionale Charakter durch die Komponenten *worry* und *emotionality* durchaus Anlass zur Diskussion in Bezug auf die Multidimensionalität von Prüfungsangst.

Beispielsweise stellte Sarason bereits 1984 ein Konzept bestehend aus vier Komponenten vor, welches aus Besorgtheit (*worry*), Anspannung (*tension*), irrelevanten Gedanken (*irrelevant thinking*) und körperlichen Symptomen (*bodily symptoms*) besteht. Andere Untersuchungen beziehen sich auf Skalierungen wie Aufgeregtheit, Mangel an Zuversicht und Interferenz (Störprozess aufgabenbezogener Aktivität) (Hodapp, 1991), um einer adäquaten und ganzheitlichen Messung von Prüfungsangst gerecht zu werden. Der von Hodapp, Rohrmann und Ringeisen (2011) entwickelte Prüfungsangstfragebogen-German (PAF-G) stellt die derzeit aktuellste Fragebogenversion zur Messung von Prüfungsangst dar. Eine englische Validierung des Instruments wurde 2015 von Hoferichter, Raufelder, Ringeisen, Rohrmann und Bukowski unter dem Namen *PAF-E, English Version of the German Test Anxiety Questionnaire* (Prüfungsangstfragebogen-Englisch) veröffentlicht. Das Instrument besteht aus 20 Items und folgenden Subskalen: Besorgtheit (*worry*), Aufgeregtheit (*emotionality*), kognitive Interferenz (*interfering thoughts*), Mangel an Zuversicht (*lack of confidence*).

Zusammenfassend lässt sich sagen, dass sich Wissenschaftler bereits seit Jahrzehnten theoretisch – durchaus kontrovers (zweidimensional vs. höher dimensional) – mit dem Konstrukt der Prüfungsangst auseinandersetzen, jedoch durch die verschiedenen Argumentationslinien bislang kein allgemeingültiger Konsens besteht, der als Grundlage empirischer Forschung genutzt werden kann. Selbst in der Schulliteratur werden zwar unterschiedliche Aspekte der Prüfungsangst beleuchtet, jedoch konzentrieren sich diese meist nur auf einen spezifischen Aspekt (z. B. Prüfungsangst und Schulleistung), ohne dem gesamten Konstrukt in seiner vielfältigen Ausprägung gerecht zu werden (Persy, 1990; Strittmatter, 1997). Es besteht jedoch Konsens darüber, dass Prüfungsangst als generell negativer Einflussfaktor zu deklarieren ist.

10 Modelle zur Entstehung von Prüfungsangst

10.1 Habit-Interferenz-Modell

Beruhend auf triebtheoretischen Ansätzen formulierten Mandler und Sarason (1952) das Habit-Interferenz-Modell (*habit-interference model*), demzufolge das Individuum von zwei Triebkräften (*drive*) motiviert wird: dem Aufgabentrieb (*task drive*) und dem Angsttrieb (*anxiety drive*). Der Aufgabentrieb stellt ein leistungsförderndes Verhalten (*habit*) da, wohingegen der Angsttrieb als leistungshemmend bzw. leistungsmindernd charakterisiert werden kann. Diesem Verhaltenskomplex zufolge zeigen Hochängstliche eher leistungshemmendes als leistungsförderliches Verhalten. Angst ist nach Mandler und Sarason ein starker spezifischer Reiz, der durch vergangene angstinduzierte Erfahrungen verstärkt wird.

10.2 Aufmerksamkeitsdefizit-Modell

Im Zuge der kognitiven Wende der 60er und 70er Jahre, in der man sich in der Wissenschaft vom Behaviorismus hin zum Kognitivismus wandte, wurde Prüfungsangst als Mangel an Aufmerksamkeit (*attention-deficit model* oder auch *interference model*) angesehen. Prüfungsängstliche empfinden in evaluativen Situationen Besorgtheit (*self-preoccupying worry*), Unsicherheit und erfahren Selbstzweifel. Die Wahrnehmung des eigenen Leistungsdefizits (*internal distractors*) lenkt die Aufmerksamkeit von der jeweiligen Testsituation ab und führt folglich durch den fehlenden Fokus zu geringerer Leistungsfähigkeit (Deffenbacher, 1978; Sarason, 1973, 1984; Wine, 1982; Zeidner & Matthews, 2005). Das Modell wird durch zahlreiche Untersuchungen bestätigt, in denen negative Korrelationen zwischen Prüfungsangst und Schul- bzw. Studienleistungen nachgewiesen wurden (Cortina, 2008; Man, Blahus & Spielberger, 1990; Zeidner, 2004). Zur Lösung von komplexen Aufgaben ist ein hohes Maß an Aufmerksamkeit erforderlich, welches bei hoch prüfungsängstlichen Personen während der Testsituation nur teilweise aufgebaut werden kann. Sowohl Pekrun (1991) als auch Wild et al. (2006) weisen darauf hin, dass Prüfungsangst nicht nur einseitig auf die Leistung wirkt, sondern ein möglicher Misserfolg ebenso die Angstentwicklung bedingt. D. h., die

Entwicklungsverläufe von Leistungsangst und schulischer Leistungserbringung stehen in wechselseitiger Beziehung.

Dieser Zusammenhang zwischen Prüfungsangst und eingeschränkter Leistungsfähigkeit beruht auf dem *developmental model* (Meece, Wigfield & Eccles, 1990; Pekrun, 1992), das auch als *cybernetic self-control* von Zeidner (2004) beschrieben wird. So wird Leistungsangst durch Misserfolg hervorgerufen, was wiederum den Misserfolg durch Leistungsangst in nachfolgenden Testsituationen wahrscheinlicher macht. In der Konsequenz kann dieser Wechselwirkungskreis zum Kompetenzverlust und zu sinkender Selbstwirksamkeit der Testperson führen.

Ergänzend zu diesem Ansatz geht das *skill-deficit model* davon aus, dass eine generell fehlende Eignung, Testaufgaben zu lösen, Prüfungsangst implizieren kann, die hauptsächlich aus der Reflexion mangelnder Testfähigkeit einer Person entsteht (Everson, Millsap & Browne, 1989).

Neben dem *developmental* und dem *skill-deficit model* hat sich das *attention-deficit model* als eines der theoretischen Paradigmen herausgebildet, das die heutige Angstforschung dominiert (Pekrun, 2001). Letzteres Modell ist gekennzeichnet durch die fehlende gerichtete Aufmerksamkeit des Prüfungsängstlichen auf einen spezifischen Sachverhalt – sei es die Vorbereitung auf einen Test oder die Testsituation selbst. Nach Schwarzer (2000) fällt es dem Betroffenen schwer, aufgabenrelevante von selbstrelevanten Gedanken zu unterscheiden.

10.3 Das Transaktionale Stressmodell in Prüfungssituationen

Das eingangs beschriebene Transaktionale Stressmodell von Lazarus (▶ Kap. 3.1) lässt sich sehr gut auf Prüfungsangstsituationen anwenden, was Hoferichter (2016) in ihrer Forschung an einem Beispiel wie folgt darstellt (▶ Abb. 2).

Bevorstehende Prüfungen werden zunächst auf ihre Wichtigkeit geprüft, d. h., wie wichtig ist eine gute Note (*primary appraisal*) für das Individuum, was möglicherweise mit eigenen oder fremden Erwartungen, zukünftigen Karriereplänen, Selbstwert etc. in Wechselwirkung steht. Des Weiteren evaluiert das Individuum die zur Verfügung stehenden Ressourcen, die benötigt werden, um die Situation erfolgreich zu meistern, d. h., welche Ressourcen werden benötigt, um eine gute Note in der Prüfung zu erreichen? Folglich evaluiert das Individuum die Ressourcen als ausreichend oder nicht ausreichend (*secondary appraisal*).

Ist das Individuum der Meinung, es stünden ihm nicht genügend adäquate Ressourcen zur Verfügung, werden Gefühle von Stress und Prüfungsangst ausgelöst. Demnach entsteht Prüfungsangst als Konsequenz der kognitiven Evaluation einer Testsituation (Richter, 2009). In einem weiteren Schritt entscheidet sich das Individuum für eine übergeordnete Bewältigungsstrategie, welche problemorientiert oder emotionsorientiert sein kann (▶ Kap. 3.1). Das Individuum kann sich dafür entscheiden, sich intensiv auf die Prüfung vorzubereiten und geht somit direkt das Problem an (problemorientiertes Coping). Der Betroffene könnte sich auch dafür entscheiden, die Einstellung zum Test zu ändern, d. h., der anfangs als »wichtig« eingestufte Test könnte nach einem *reappraisal* bzw. nach der emotionsorientierten Bewältigungsstrategie als »nicht ganz so wichtig« eingestuft werden. Das Individuum sagt sich möglicherweise, dass gerade dieser Test doch nicht so wichtig ist und verlagert die Wichtigkeit auf einen nächsten Test oder ein anderes Fach. Wie auch immer sich der Betroffene entscheidet, wird seine Bewältigungsstrategie erfolgreich oder nicht erfolgreich sein. Der Erfolg einer Bewältigungsstrategie misst sich demnach nicht an der Note, die als Konsequenz aus dem Test hervorgeht, sondern vielmehr an dem Wohlbefinden des Individuums. Fühlt sich das Individuum nicht gestresst bzw. hat keine Angst vor der bevorstehenden Prüfung, ist die Bewältigungsstrategie erfolgreich und das Individuum hat sein inneres Gleichgewicht beibehalten bzw. nach der Evaluation der Situation und anschließender Copingstrategie wiederherstellen können (Homöostase ▶ Kap. 1.2). Der Erfolg oder Misserfolg einer Bewältigungsstrategie in Testsituationen wird das weitere Vorgehen, Gefühle, Erwartungen, Wahrnehmungen, Verarbeitung etc. in darauffolgenden Evaluationen prägen. An dieser Stelle wollen wir einmal mehr unterstreichen, dass es die subjektive Wahrnehmung ist, die als Auslöser den Grad des Stresserlebens bzw. den der Prüfungsangst bestimmt. Bereits in den 1980er Jahren zeigte eine Studie von Holroyd und Appel (1980), dass die physiologische Erregung von Hochängstlichen sich nicht von der Erregung Niedrigängstlicher unterscheidet.

Nach Smith und Lazarus (1993) entstehen Furcht und Angst als ein Ergebnis von Bedrohung und Gefahr. Wenn sich Individuen bedroht fühlen, kann das zu einem gewissen Grad die Folge von mangelnden Ressourcen, einer pessimistischen Haltung oder/und unzureichender oder fehlender sozialer Unterstützung sein (Lazarus & Folkman, 1984) (▶ Kap. 4).

Um Prüfungsangst in der ihr immanenten Komplexität zu erklären, ist ein rein deskriptives Modell der Prüfungsangst (bzw. Angst) nicht ausreichend. Dazu sollte das Modell um neurobiologische und soziale Prozesse und deren Zusammenspiel erweitert werden (Eysenck, 1992; Howard, 1991; Larson, South & Merkley, 2011), was in Ansätzen bereits von der Forschergruppe SELF umgesetzt wurde (Raufelder, Hoferichter, Pöhland, Golde, Lorenz & Beck, 2015). In einer interdisziplinären Studie kombinierten die Wissenschaftler Fragebogendaten mit fMRT-Daten von gesunden Sekundarschülern, die Angaben zu ihrer soziomotivationalen Beziehung zu Lehrern, ihrer Prüfungsangst und Persönlichkeit machten. Es zeigte sich, dass Schüler, die eine qualitativ hochwertige Beziehung zu ihrer Lehrkraft berichteten, beim Anblick von ängstlichen Lehrergesichtern im fMRT-Scanner eine höhere Hirnaktivität in der Amygdala aufwiesen als Schüler mit einer schlechten Lehrer-Schüler-Beziehung. Eine erhöhte Hirnaktivität war wiederum verbunden mit Besorgtheit (*worry*) in Prüfungssituationen. Des Weiteren zeigen die Ergebnisse, dass Schüler beim Anblick von ärgerlichen Lehrergesichtern eine höhe Amygdalaaktivität zeigten, welche wiederum mit erhöhter Aufgeregtheit (*emotionality*) in Prüfungssituationen einherging.

Daraus lässt sich schließen, dass signifikant andere, in dem Fall die Lehrkraft, Aktivitäten im Gehirn anstoßen, die wiederum auf die Emotionen des Individuums

10 Modelle zur Entstehung von Prüfungsangst

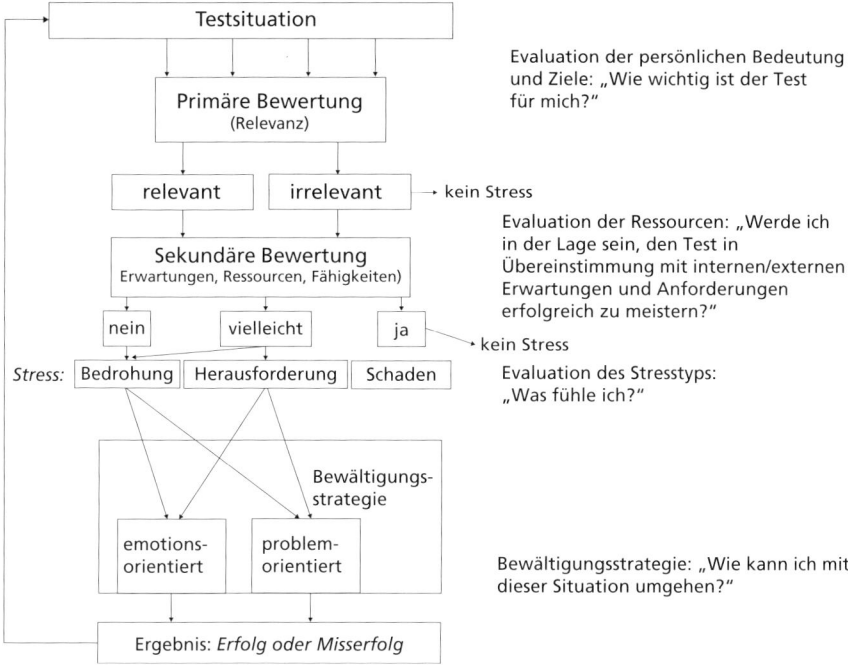

Abb. 2: Transaktionales Stressmodell, angewandt in Testsituationen und bei Prüfungsangst (Hoferichter, 2016)

wirken. Es lässt sich daraus ableiten, dass es eine stete Wechselwirkung zwischen externen (soziale Beziehungen) und internen (neuronalen) Prozessen gibt. In den Kapiteln 15 bis 17 gehen wir näher auf neuronale Prozesse in der Stress- und Angstforschung ein.

Neben den kognitiven Erklärungsmodellen zur Entstehung von Prüfungsangst (▶ Kap. 10), bieten Modelle aus der Motivationspsychologie weitere Erklärungsansätze. Beispielsweise greift die Kontroll-Wert-Theorie (*Control-Value Theory* – CVT nach Pekrun, 2007) die Rolle von Emotionen in Lern- und Leistungssituationen auf, unter Bezugnahme von Theorien wie der Erwartungs-mal-Wert-Theorie (*Expectancy-Value Theory* nach Atkinson, 1957) und der Attributionstheorie (*Attribution Theory* nach Weiner, 1985).

Exkurs

Nach der **Erwartungs-mal-Wert-Theorie** wird die Motivation eines Individuums durch zwei Aspekte bestimmt: durch die eigene Erwartung erfolgreich zu sein, d. h., wie sicher ist sich das Individuum, dass es erfolgreich sein wird und durch den Wert einer bestimmten Aufgabe, d. h., wie wichtig oder wertvoll ist die Aufgabe (siehe auch Atkinson, 1964; Eccles, 1992).

> Der **Attributionstheorie** zufolge suchen Individuen nach den Ursachen ihres bereits eingetretenen Erfolges oder Misserfolges. Dabei werden häufig Gründe wie Fähigkeit, Mühe, Glück, Stimmung, Hilfe/Behinderung durch andere mit dem Erfolg oder Misserfolg in Verbindung gebracht (siehe auch Weiner, 1994).

Die CVT basiert auf zwei Beurteilungsdimensionen: subjektive Kontrolle und subjektiver Wert in Leistungssituationen. Subjektive Kontrolle bezieht sich auf den wahrgenommenen kausal bedingten Einfluss und die Erwartungen eines Individuums und die damit verbundenen Ergebnisse bzw. assoziierten Resultate (Pekrun, 2006) in einer Prüfungssituation. Subjektiver Wert beschreibt die persönliche Wertigkeit der Evaluationssituation und das daraus hervorgehende Ergebnis, d. h. die zugeschriebene Wichtigkeit eines Tests und damit der verbundene Erfolg/Misserfolg. Der jeweilige persönliche Wert, der einer Leistungssituation zugeschrieben wird, kann von intrinsischer oder extrinsischer Natur sein. Folgen Individuen intrinsischer Motivation, basiert die Teilnahme an einem Test womöglich auf eigenem Interesse. Im Gegensatz dazu, werden extrinsisch motivierte Individuen den Test als Instrumentarium sehen, der ihnen hilft, ihre Leistungen zu verbessern bzw. mit ihren Fähigkeiten zu brillieren, um Anerkennung zu erhalten oder Karrierechancen zu erhöhen (vgl. Deci & Ryan, 1990). Innerhalb der CVT wird angenommen, dass neben individuellen Determinanten, wie kognitive Ressourcen, Persönlichkeit etc., soziale Faktoren wie Familie, Schule, Universität und der Arbeitsplatz Leistungsmotivationen beeinflussen und in Folge dessen persönliche Kontroll- und Wertvorstellungen (Pekrun, 2000; Pekrun & Frese, 1992), da diese sozialen Einheiten Erfolg und Misserfolg definieren und bestimmte Werte darstellen. Für die Entstehung von Prüfungsangst bedeutet das konkret, dass der Kontext (Einstellung der Eltern, Erwartung der Lehrer, Vergleich mit den Peers) Gefühle von Stress und Angst in Prüfungssituationen determiniert, was auch als Sozialisationseffekt zu bezeichnen ist. Es ist anzunehmen, dass erfolgsorientierte Eltern, Lehrer mit hohen Leistungserwartungen und eine kompetitive Klassenstruktur die Entstehung von Prüfungsangst begünstigen können. Selbst die Zuschreibung von Erfolg und Misserfolg kann ein Ergebnis von Sozialisationsprozessen sein. Nach der Attributionstheorie (Weiner, 1970, 1985, 1990) suchen Individuen nach der Ursache von Erfolg und Misserfolg, ähnlich wie Wissenschaftler, die es sich zur Aufgabe gemacht haben, die Welt zu verstehen und zu erklären. Am häufigsten werden Ursachen wie Fähigkeit, Mühe, Glück, Tagesstimmung und Hilfe/Behinderung durch andere dem Erfolg oder Misserfolg von Prüfungen zugeschrieben (Graham & Weiner, 1996). Des Weiteren greift die Erwartungs-mal-Wert-Theorie (Atkinson, 1957, 1983) Fragen auf wie »Kann ich die Aufgabe erledigen?« und »Möchte ich diese Aufgabe erledigen?« (Wigfield & Eccles, 2002; Pintrich, 2003). Die Erwartung, eine gute oder schlechte Note in einem Test zu erhalten, beeinflusst nicht nur die Motivation des Individuums, sondern kann zu einer sich selbst erfüllenden Prophezeiung führen. Leistungsbezogene Emotionen wie Freude, Angst, Stress und die Leistungserbringung selbst können maßgeblich durch die erwartete Leistung und die zugeschriebene Wertigkeit des jeweiligen Tests bestimmt werden (Raufelder, Ringeisen, Schnell & Rohrmann,

2015). Beispielsweise fanden Hembree (1988) and Zeidner (1998) in ihrer Studie, dass Prüfungsangst in einem positiven Zusammenhang mit erwartetem Misserfolg stand und negativ mit akademischem Selbstkonzept und Fähigkeit.

Wie bereits skizziert sind Leistungsemotionen wie Stress und Angst maßgeblich von kulturellen Normen und Werten geprägt, variieren daher systematisch zwischen Schulsystemen, ökonomischen Systemen und einer bestimmten Orientierung und Priorität vorgelebt durch Politik und Gesellschaft (Pekrun, 2000). Leistungsbezogene Emotionen sind maßgeblich von der Einschätzung der Ursachen, Fähigkeit, Erwartung, Kontrolle, Werte und dem Vergleich mit anderen abhängig. Diese individuelle Einschätzung beeinflusst das Lernverhalten, Ausdauer und Fleiß, Anstrengungsverhalten und dementsprechend das Testergebnis (vgl. Pekrun et al., 2002; Pekrun, Elliot & Maier, 2006).

Um also Prüfungsangst in ihrer Vielschichtigkeit erfassen zu können, dürfen die in diesem Abschnitt beschriebenen Modelle nicht unabhängig voneinander betrachtet und analysiert werden. Die kognitiven Modelle können als maßgebliche Determinanten zur Entstehung von Leistungsangst herangezogen werden, berücksichtigen jedoch weder die Persönlichkeit auf individueller Ebene noch Emotionen und damit verbunden soziale Beziehungen im schulischen Kontext.

11 Negativer Einfluss von Prüfungsangst

Nach Suhr-Dachs (2006) liefert das Umfeld Schule zahlreiche und unausweichliche stress- und speziell angstinduzierte Momente, da die regelmäßigen Leistungskontrollen ein fester Bestandteil des Systems »Schule« darstellen, jedoch häufig als unfreiwillige Routine von einer Vielzahl der Schüler empfunden werden. Prüfungen können in Verbindung mit der Angst vor schlechten Noten, der Angst, die Anerkennung Gleichaltriger (Peers) zu verlieren, und der Angst vor elterlichen Sanktionen die Entstehung von Leistungsangst begünstigen (Suhr-Dachs, 2006). Zahlreiche Studien haben Prüfungsangst als negativen Einflussfaktor zum Fokus ihrer Untersuchungen gemacht. So wurde unter anderem der negative Einfluss von Prüfungsangst auf die Schulleistung, die schulische Motivation, psychosomatische Gesundheit und das Selbstkonzept (Persönlichkeit) (Deci & Ryan, 1990; Horstkemper, 1995; Pekrun, 2001; Suhr-Dachs, 2006) näher untersucht.

Die Ergebnisse von Cortina (2008) zeigen, dass hoch prüfungsängstliche Schüler etwa eine halbe Ziffernnote schlechter in Schultests abschneiden, als es ihrer wirklichen Kompetenz entspricht. Untersuchungen haben vielmehr gezeigt, dass prüfungsängstliche Schüler den Lernstoff ebenso gut beherrschen wie Niedrigängstliche (Küpfer, 1997), nur dass sie diesen in der Prüfungssituation nicht so gut »abrufen« können. Im Zuge der schulischen Motivationsforschung haben Deci und Ryan (1990) darüber hinaus nachgewiesen, dass die intrinsische Motivation der Schüler durch eine negative Prüfungsrückmeldung durch die Lehrkräfte beeinträchtigt und der Wunsch nach Vermeidung der jeweiligen Prüfungssituation verstärkt wird (Wild, Hofer & Pekrun, 2006), was wiederum das Hervorrufen von Prüfungsangst begünstigt. Wie in Kapitel 5 thematisiert, ist Vermeidung bzw. Flucht letztlich eine ungünstige Bewältigungsstrategie und kann bei extrem leistungsängstlichen Schülern weitreichende Folgen bis hin zu einem frühzeitigen Ausscheiden aus dem allgemeinbildenden Schulwesen haben. Dieses Vermeidungsverhalten ist insbesondere bei Adoleszenten in Sekundarstufe II und jungen Erwachsenen an Hochschulen zu beobachten (Cortina, 2008). Ist die Vermeidung der Prüfungssituation hingegen nicht möglich, steigt die Wahrscheinlichkeit für eine unmittelbare Verringerung der Gesamtmotivation. Diese verringerte Motivation führt bei einigen Jugendlichen zu Schulangst bzw. Schulverweigerung, andere Schüler versuchen die Prüfungsangst hingegen mit vermehrten Lernanstrengungen zu kompensieren (Kondo, 1997) und sind dabei aber – gelähmt durch die Angst – meist weniger effektiv in ihrer Prüfungsvorbereitung als ihre nicht prüfungsängstlichen Mitschüler (Cortina, 2008). So neigen prüfungsängstliche Schüler auch zu generell weniger erfolgreichen Lösungsstrategien und haben aufgrund von veränderten Aufnahmeprozessen in

Prüfungssituationen weniger aufgabenbezogene Zeit zur Verfügung (Cortina, 2008; Frydenberg, 2002).

Erfahren Schüler Prüfungsangst über einen längeren Zeitraum, können komorbide Störungen das Resultat sein. In diesem Zusammenhang können psychosomatische Symptome wie Depressionen, soziale und einfache Phobien, Trennungsängste und generalisierte Angststörungen auftreten (Beidel & Turner, 1988; Eum & Rice, 2011). Weiterhin ist die soziale Isolation unter Prüfungsängstlichen kein seltenes Phänomen (Gillham et al., 2006; Wood, 2006; Somersalo, 2002; Eum & Rice, 2011). So vermeiden Prüfungsängstliche oftmals Peer-Interaktionen, wirken verunsichert unter Gleichaltrigen, was sie wiederum leichter zu Mobbingopfern macht (Somersalo, 2002). Durch die Sorge vor sozialer Bedrohung bzw. der Unfähigkeit, sich auf soziale Signale in einer Gruppe zu konzentrieren, zieht sich die prüfungsängstliche Person von sozialen Interaktionen zurück (Wood, 2006). Diese Strategie ist besonders oft bei prüfungsängstlichen Mädchen mit zielorientierten Vermeidungsstrategien zu beobachten (Eum & Rice, 2011).

Die zunehmend differenziertere Leistungsrückmeldung von Seiten der Lehrer kann Schüler außerdem dazu veranlassen, das individuelle Feedback sozial-vergleichend zu interpretieren (Cortina, 2008), was die Konkurrenz und den Leistungsdruck unter den Schülern steigert und Prüfungsangst induzieren kann (Pekrun, 1991). Prüfungsangst ist zudem verbunden mit einem niedrigen Selbstkonzept und Selbstzweifeln, die den Grad der Prüfungsangst entsprechend einem Circulus vitiosus interdependent steigern (vgl. Zeidner, 1998).

Trotz des Wissens um die negativen Effekte von Prüfungsangst findet diese im Schulalltag bislang wenig Beachtung und Berücksichtigung. Im Folgenden werden die defizitären Strukturen im schulischen Umfeld dargelegt und mögliche Ansatzpunkte diskutiert.

12 Diagnostik von Prüfungsangst in der Schule

Im Schulkontext sind besonders Lehrer dazu angehalten, neben ihnen bekannten Verhaltensstörungen und Krankheitsbildern die Prüfungsangst der Schüler zu erkennen und darauf einzugehen. Die Bedeutung der Prüfungsangst, verbunden mit der Einschränkung der Leistungserbringung, wird teilweise nicht wahrgenommen bzw. unterschätzt und folglich nicht als solche diagnostiziert (vgl. Jürgens, 1992). Ein möglicher Erklärungsansatz dafür ist, dass das Spektrum der Ausprägungen von Erlebens- und Verhaltensweisen der Leistungsangst je nach Schüler sehr breit gefächert und keine einheitliche Symptomatik auf dieser Ebene zu klassifizieren ist. Darüber hinaus wird Prüfungsangst in Deutschland weder als Störung, Krankheit noch sonstiges Handicap diagnostiziert, was besonders im schulischen Kontext den Umgang mit diesem Phänomen erschwert. Im Bereich der Angstdiagnostik gibt es neben den bereits angeführten etablierten Messinstrumenten (▶ Kap. 9) zwar weitere Erfassungsmethoden wie das Angst-Thermometer, das freie Interview und fragebogenartige Checklisten (Rost & Schermer, 1987), die als eine Art Randerscheinung in den 70er und 80er Jahren aufgestellt, jedoch nicht in die pädagogische Schuldiagnostik übernommen bzw. weiterentwickelt wurden. In der einschlägigen Literatur zur psychologisch-pädagogischen Diagnostik steht vor allem die Entwicklungs-, Intelligenz-, Verhaltens- und Eignungsdiagnostik im Vordergrund – Prüfungsangst hingegen findet bislang keine starke Beachtung (Ingenkamp & Lissmann, 2008; Paradies, Linser & Greving, 2009).

Die Notwendigkeit, Prüfungsangst in der Schule zu thematisieren und darauf einzuwirken, ist zu jeder Zeit aktuell gewesen und wird im Bildungskontext weiterhin eine große Rolle spielen. In den Vereinigten Staaten (U.S.A.) wurde bereits während der 80er Jahre die Forderung aufgestellt, Prüfungsängstliche im schulischen Kontext gesondert zu behandeln und spezielle Arrangements einzuführen (z. B. Tests ohne Zeitrestriktionen) (Hill & Wigfield, 1984). Darüber hinaus wurde von Zuriff bereits 1997 vorgeschlagen, Prüfungsangst als psychiatrische Störung in den Katalog *Americans with Disabilities Act* (ADA) aufzunehmen, was bisher nicht umgesetzt wurde. Auch europäische Studien zeigen ein zunehmendes Interesse, Prüfungsangst als kognitive Störung zu deklarieren und daraus entsprechende Maßnahmen zum Schutz der Prüfungsängstlichen abzuleiten (Lang & Lang, 2010). Von diesen Verfechtern wird das Argument angeführt, dass Prüfungsangst Schüler und Studenten hemmt, ihr wirkliches Wissen zu demonstrieren. Die damit verbundenen schwachen Testergebnisse können problematische Entwicklungen induzieren, da Prüfungsergebnisse (Schulabschluss, Zeugnisnoten, Zertifikate) in westlichen Ländern über den Zugang zu Studien- und Berufswahl und damit in erheblichem Ausmaß über das weitere Leben entscheiden.

Die wohl bedeutendste Herausforderung in diesem Zusammenhang ist jedoch nicht das Etikettieren eines prüfungsängstlichen Schülers bzw. einer prüfungsängstlichen Schülerin oder die Deklarierung eines klinischen Status, sondern dies sollte vielmehr die gezielte Prävention von Prüfungsangst und deren Intervention im schulischen Kontext sein, an der sowohl das Lehrpersonal als auch Mitschüler und Eltern beteiligt sind. Will man auf das Phänomen Prüfungsangst präventiv Einfluss nehmen, dann sollte zunächst dessen Komplexität und Wirkungsweise dargelegt werden. Dabei ist die Berücksichtigung des bereits oben ausführlich dargestellten Zusammenwirkens individueller Faktoren (Gene, Persönlichkeitseigenschaften, Lernvergangenheit) und sozialer Beziehungen (Umwelt, Lehrer-Schüler-Verhältnis, Schüler-Schüler-Verhältnis) im schulischen Kontext unabdingbar.

13 Die Rolle von Eltern, Lehrern und Mitschülern bei Prüfungsangst

Generell sind nicht nur für den direkt Betroffenen die Stress- und/oder Prüfungsangstzustände unangenehm, sondern auch für die eigene Familie und Freunde, die sich hilflos und überfordert fühlen, weil sie nicht wissen, wie sie ihren gestressten und prüfungsängstlichen Angehörigen helfen können. Auch Lehrer haben nicht immer die adäquate Lösung oder einen hilfreichen Rat für Betroffene, um Stress und Prüfungsängste abzubauen. Wie wichtig jedoch das nahe Umfeld für die Entstehung und Reduzierung von Stress und Prüfungsangst bei Kindern und Jugendlichen ist, zeigt aufbauend auf sozialer Unterstützung als Bewältigungsstrategie (▶ Kap. 6) das folgende Kapitel.

13.1 Die Rolle der Eltern

Studien zeigen, dass Eltern die wichtigste und einflussreichste Rolle in der Entwicklung von Jugendlichen zukommt (Murray 2009; Wang & Eccles, 2012). Somit können Eltern die Motivation, Einstellung zur Schule und Gefühle rund um die Schule ihrer Kinder maßgeblich beeinflussen. Neben verschiedenen Erziehungsstilen wurden vor allem elterlicher Druck und elterliche Unterstützung und deren Einfluss auf unterschiedliche schulische Faktoren in den Fokus von wissenschaftlichen Untersuchungen gerückt. Die Unterstützung von Eltern bezieht sich dabei vor allem auf akademische Unterstützung im Schulkontext, wie zum Beispiel das gemeinsame Lernen vor einem Test (verhaltensbasierte Unterstützung), oder die mentale Unterstützung, indem Eltern ihrem Kind gut zusprechen, um das Vertrauen in die eigenen Fähigkeiten zu stärken (emotionsbasierte Unterstützung). Im Gegensatz dazu können Kinder elterlichen Druck erfahren, wenn übermäßig hohe Erwartungen an sie gestellt werden, die möglicherweise die Ressourcen des Kindes überschreiten.

Eine Reihe von Studien hat den Zusammenhang von elterlichem Druck und elterlicher Unterstützung in Bezug auf schulrelevante Variablen untersucht. So konnte beispielsweise gezeigt werden, dass Schüler, die elterlichen Druck erfahren, weniger aktiv und emotional in Schulaktivitäten involviert sind (vgl. Dusek & Danko, 1994; Murray, 2009), mehr Prüfungsangst aufweisen und weniger gute Schulleistungen haben als Schüler, die keinen elterlichen Druck erfahren (Peleg-Popko & Klingman, 2002; Putwain, Woods & Symes, 2010). Umgekehrt wirkt sich elterliche Unterstützung positiv auf das Schulengagement von Schülern aus (Englund et al., 2008; Murray 2009; Wang & Eccles 2012), wobei eine von den Schülern empfundene übermäßige Unterstützung wiederum Prüfungsangst verstärken kann, da das übermäßige elterliche Engagement mit Kontrolle und Erwartungen einhergehen kann (Luis, Varela & Moore, 2008; Shadach & Ganor-Miller, 2013).

Da die angeführten Studien zumeist auf Selbstberichten der Schüler basieren, d. h. die Schüler ihre persönliche Wahrnehmung von Druck und Unterstützung der Eltern beschreiben, stellt sich die Frage, ob elterlicher Druck tatsächlich ein Auslöser von Prüfungsangst ist oder ob generell ängstliche Schüler sich von ihren Eltern tendenziell eher unter Druck gesetzt fühlen. Tatsächlich hat eine Studie zeigen können, dass tendenziell ängstliche Schüler das Gefühl hatten, ihre Eltern würden länger auf sie böse sein, als Schüler, die weniger ängstlich waren (Perdue & Spielberger, 1966). Es ist bekannt, dass generell ängstliche Individuen ihre Umwelt als stressvoller erleben und somit anfälliger für Stress sind und darüber hinaus auch weniger effektiv in ihren Bewältigungsstrategien sind (Ebstrup, Eplov, Pisinger & Jørgensen, 2011; Szabó, 2011; Uliaszek et al., 2010)

Zusammenfassend lässt sich sagen, dass Eltern eine essenzielle Rolle bei der schulischen und persönlichen Entwicklung ihrer Kinder spielen. Damit Schüler ihr Potenzial entfalten können, Lerngelegenheiten aus eigenem Antrieb nutzen und mit Stress und Ängsten effektiv umgehen können, sollten Eltern ihre Kinder im rechten Maß unterstützen, sowie Druck durch hohe Erwartungen auf die schulischen Leistungen vermeiden. Dabei muss die Persönlichkeit des Kindes stets der Ausgang der Betrachtung sein, da Unterstützung und Druck je unterschiedlich wahrgenommen werden. Letztlich gilt es das Gefühl des Unterstütztseins im Kind hervorzurufen, ohne Erwartungen durch Druck und Kontrolle zu erzeugen. Sind Eltern zu sehr involviert in die schulischen Angelegenheiten ihres Kindes, kann dies sehr schnell mit hohen Erwartungen assoziiert werden, die das Kind meint erfüllen zu müssen. Es setzt sich dadurch selbst unter Druck, wodurch der gefährliche Kreislauf von Stress und Prüfungsangst initiiert werden kann.

13.2 Die Rolle von Lehrern

Das Lehrer-Schüler-Verhältnis und das damit eng verbundene Lehrerverhalten sind wichtige Faktoren, die die Entstehung bzw. die Vermeidung von Prüfungsangst beeinflussen können (Rost & Schermer, 2006). So kann soziale Unterstützung von Seiten der Lehrkraft Ängste mindern (Pekrun & Frese, 1992), ein autoritäres und extrem dirigistisches Verhalten hingegen kann Prüfungsangst induzieren (Katschnig & Hanisch, 1999). Darüber hinaus, können Spott, Tadel, gezielte Demütigung und Ausschluss von Lernaktivitäten das Selbstkonzept des Schülers herabsetzen und ihn für Angst vor Prüfungen empfänglich machen (Rost & Schermer, 2006). Lehreraussagen wie: »Du Holzkopf!«, »Ihr habt noch gar nichts gesagt, ihr Trantüten!« oder »Ein dusseliges Volk seid ihr!« zeugen von Missachtung, emotionaler Kälte und Geringschätzung gegenüber der Schülerschaft und gehören nach Tausch und Tausch (1998) zu den häufigen Anredefloskeln von Seiten der Lehrer. Um die Schüler zu kontrollieren bzw. zu disziplinieren, werden Ängste oftmals bewusst instrumentalisiert, um die uneingeschränkt anmutende Machtposition des Lehrers zu demonstrieren (Winkel, 2009). Emotionen sind essenzielle Komponenten in Interaktionsprozessen, die sowohl neurophysiologische Reaktionen als auch behaviorale Veränderungen bewirken (Steinfurth, Wendt & Hamm, 2013). Negative Emotionen in Lehrer-Schüler-Beziehungen sind Teil des täglichen Schullebens: Schüler durchleben Konfliktsituationen, erhalten negative Rückmeldungen oder fühlen sich durch negative Bewertungen gestresst. Selbst kurzzeitige negative Emotionen, z. B. wenn Lehrer Angst als Motivationsstrategie verwenden, haben einen negativen Einfluss auf die Prüfungsleistung und begünstigen die erlebte Prüfungsangst der Schüler (Putwain & Best, 2011).

Zahlreiche Studien zeigen, dass mit zunehmendem Alter die Lernfreude und das schulische Wohlbefinden kontinuierlich abnehmen (Fend, 2005) und unter deutschen Schülern die Begeisterung für den Schulbesuch im internationalen Vergleich eher niedrig (Fend & Sandmeier, 2004) und die Schulangst vergleichsweise hoch ausfällt (Winkel, 2009). Ein möglicher Erklärungsansatz dieser alarmierenden Tendenz wird von Wild und Kollegen (2006) auf die veränderte Qualität des Lehrer-Schüler-Verhältnisses zurückgeführt. In der Studie konnte gezeigt werden, dass mit zunehmender Schulstufe auch die emotionale Unterstützung des Lehrers, bezogen auf persönliche Belange der Schüler, sukzessive abnimmt. Im Gegensatz dazu zeigen Studien, dass eine Lehrer-Schüler-Beziehung, die von emotionaler Wärme geprägt ist, das Selbstbild des Schülers stärkt und damit dem Schüler auch die Angst vor Prüfungen genommen werden kann (Tausch & Tausch, 1998). Emotionale Wärme ist nach Tausch und Tausch sowohl durch gegenseitige Achtung und Rücksichtnahme als auch durch Herzlichkeit, Zuwendung, Ermutigung, Anerkennung des anderen und das Zeigen von Gefühlen gekennzeichnet. Tatsächlich hat eine Studie (Schwertfeger, 2012) gezeigt, dass sich Schüler vor allem eine respektvolle und vertrauensvollpartnerschaftliche Beziehung mit ihren Lehrern wünschen. Nehmen Schüler die Lehrer-Schüler-Beziehung als gerecht wahr, die vor allem mit einer Gleichbehandlung von Schülern einhergeht, wird der Abbau von Prüfungsangst und die generelle Zufriedenheit in der Schule begünstigt (Raufelder, 2011). Eder konnte darüber hinaus auch einen positiven Effekt eines gelungenen Lehrer-Schüler-Verhältnisses auf die Leistungsbereitschaft, Disziplin und Selbstachtung (Eder, 2006) eruieren.

Ein intaktes Lehrer-Schüler-Verhältnis ist demzufolge besonders für hochängstliche Schüler wichtig, um der Prüfungsangst entgegenzuwirken bzw. diese sukzessive abzubauen. Nach Rost und Schermer (2006) tendieren hochängstliche Schüler eher zu einem negativen Selbstbild, werden von ihrer Umwelt weniger geschätzt, sind oftmals sozial isoliert bzw. nehmen einen niedrigeren Rangplatz in der Peergroup ein. Darüber hinaus werden diese Schüler häufiger von Lehrern als unangepasst eingeschätzt und kognitiv unterschätzt, da Hochprüfungsängstliche zumeist durch eine nervöse und mangelnde Arbeitsweise auffallen (Rost & Schermer, 2006).

Um auf die gesteigerte Hilflosigkeit, Unsicherheit und das mangelnde Selbstvertrauen der Prüfungsängstlichen einzuwirken, sind Transparenz über Lernprozesse, Ziele und Bewertungsmechanismen von Seiten des Lehrers besonders wichtig, da diese beim Prüfungsängstlichen Sicherheit und Vertrauen aufbauen können. Nach Suhr-Dachs (2006) sollte die Lehrkraft »gerecht, berechenbar, zuverlässig und hilfsbereit« sein und leistungsängstliche Schüler behutsam in das Klassengeschehen und die -gemeinschaft integrieren.

Im Lebensraum Schule sind Schüler und Lehrer dazu angehalten, sich als »wahre« Bildungspartner (im ursprünglichen Sinne des Bildungsbegriffs) zu verstehen: Letztlich gilt es das oft überbetonte, statisch-vorstrukturierte Rollenverständnis, das auf den Prozess der Wissensvermittlung reduziert wird, durch Authentizität und ein sozioemotionales Miteinander in der Institution Schule zu überwinden (Ittel & Raufelder, 2008; Raufelder, 2007; Schwertfeger, 2012).

Wie die angeführten Befunde deutlich gemacht haben, bildet eine hohe Qualität der Lehrer-Schüler-Beziehung eine wichtige Grundlage für gelingende Lernprozesse und den Abbau von Ängsten und ist daher keinerlei »Luxus«, sondern muss als eine »Notwendigkeit« im schulischen Kontext verstanden werden (Raufelder, 2010).

13.3 Die Rolle von Mitschülern

Neben dem Lehrer-Schüler-Verhältnis wird das soziale Miteinander in der Schule ebenso maßgeblich durch die Schüler-Schüler-Beziehung bzw. die Peergroup bestimmt und geprägt (Flanagan, Erath & Bierman, 2008; Raufelder & Bünger, 2009). Schülerbeziehungen unterscheiden sich erheblich von anderen institutionellen und offiziellen sozialen Beziehungen in der Schule, da sich besonders in »alters-homogenen« Gruppen (Peers) Freundschaften informell und freiwillig entwickeln, die weniger an normengerechte Rollenbilder geknüpft sind (Rolff, 1997).

Werden Schüler jedoch wiederholt und meist über mehrere Schuljahre (Buhs, Ladd & Herald 2006) aus der Peergroup ausgeschlossen, induziert dies Stress und wirkt sich unter anderem negativ auf die Leistungserbringung, den Selbstwert, die psychosoziale Anpassung (Schmidt-Denter, 2005), die schulische Partizipation aus und begünstigt psychosomatische Risikoentwicklungen (Schwartz, Gorman, Nakamoto & Toblin, 2005). Darüber hinaus kann die böswillige und lang andauernde Ausgrenzung einzelner Schüler zum Schulabsentismus und frühzeitigen Abbruch des Schulbesuches führen (Klauer, 2008). Zahlreiche Studien weisen des Weiteren auf den Zusammenhang zwischen sozialer Ausgrenzung durch die Peergroup und der Entstehung von Ängsten im schulischen Kontext hin (Biggs, Nelson & Sampilo, 2010; Grills & Ollendick, 2002). Insbesondere Konkurrenzdruck, mangelnde soziale Unterstützung und Hänseleien unter Schülern werden als Bedrohungssituationen wahrgenommen (Jerusalem & Schwarzer, 1991), die mit emotional destruktiven Beziehungen einhergehen und als Initiatoren von Stress und Ängsten gelten (Flanagan et al., 2008; Rost & Schermer, 2006).

Ausgegrenzte und isolierte Schüler bilden somit eine Risikogruppe, deren gesunde Entwicklung (sozial und kognitiv) durch Stressoren wie Einsamkeit und Angst eingeschränkt wird (Newcomb, Bukowski & Pattee, 1993).

Die Richtung der dargestellten Zusammenhänge ist nicht immer linear-kausal, sondern vielmehr als ein »Schneeballeffekt« zu interpretieren (Bukowski, Laursen & Hoza, 2010). So kann die fehlende Unterstützung und Ausgrenzung von Seiten einer Schülergruppe beispielsweise die Entstehung von psychosomatischen Auffälligkeiten begünstigen. Letztere können aber auch bereits in Form eines Persönlichkeitsmerkmals (z. B. generelle Neigung zur Ängstlichkeit in Form des Persönlichkeitsmerkmals Neurotizismus) vorhanden sein. In diesem Fall könnte der prüfungsängstliche, neurotizistische Schüler soziale Beziehungen mit anderen Schülern meiden bzw. andere Schüler ihn aufgrund seines Persönlichkeitsmerkmals ausgrenzen (Brendgen et al., 2009). Neurotizistische Schüler können sich jedoch auch an Mitschülern und Lehrern orientieren bzw. die eigene Motivation von den Mitschülern und Lehrern abhängig machen, was eine Studie gezeigt hat (Hoferichter, Raufelder & Eid, 2014). Demnach zeigen neurotizistische und nicht neurotizistische Schüler, die ihre Motivation nach ihren Peers und Lehrern ausrichten, auch höhere Prüfungsangst.

Im Gegensatz dazu können als positiv erlebte Schüler-Schüler-Beziehungen, die als unterstützend wahrgenommen werden, Stress reduzieren und die Anpassung an die Schule erleichtern (Grützmacher & Raufelder, 2015; Ladd & Kochenderfer, 1996), was wiederum mit geringer Prüfungsangst, geringem Problemverhalten, effektiven Lösungsstrategien und einem positiven Selbstkonzept einhergeht (Hoferichter, Raufelder & Eid, 2014; Klauer, 2008; Lätsch, Raufelder & Wulff, 2016; Raufelder, Kittler, Braun, Lätsch, Wilkinson & Hoferichter, 2014). Wird das Schüler-Schüler-Verhältnis als besonders positiv erlebt, wird auch die konkrete Lernsituation (Unterricht) mit diesen positiven, lernfördernden Emotionen verknüpft (Achermann, Pecorari, Winkler Metzke & Steinhausen, 2006), was wiederum ein stress- und angstfreies Lernen bedeutet.

Eine positiv wahrgenommene Beziehung zu Mitschülern wirkt als Puffer in stressinduzierten Situationen und Belastungen und ebnet den Weg für eine gesunde persönliche Entwicklung wie auch Schulerfolg. Wenn Schüler-Schüler-Beziehungen als qualitativ hochwertig wahrgenommen werden, können sie dazu beitragen, die Persönlichkeit zu stabilisieren, das Wohlbefinden in Form von positiven Emotionen zu stärken und Ängste zu reduzieren.

14   Geschlechtsspezifische Besonderheiten

Um alle Aspekte der Prüfungsangst zu berücksichtigen und in einem weiteren Schritt Interventions- und Präventionsmaßnahmen im schulischen Kontext abzuleiten, sollten auch geschlechterspezifische Unterschiede entsprechend berücksichtigt werden. In zahlreichen Studien konnte eine Geschlechtsspezifik nachgewiesen werden, die bedeutende Erkenntnisse und detaillierten Aufschluss über die Leistungsangst gibt (Federer, Margraf & Schneider, 2000; Horstkemper, 1995; Rost & Schermer, 2006). In Konsequenz dieser geschlechterspezifischen Unterschiede wurden differenzierte Testangst-Fragebögen entwickelt bzw. getrennte Normen für Jungen und Mädchen eingeführt (Rost & Schermer, 1997; Thurner & Tewes, 2000).

Mädchen berichten in der Regel häufiger von Prüfungsangst als Jungen (Blumenthal, Leen-Feldner, Babson, Gahr & Frala, 2011; Hoferichter & Raufelder, 2013; Williams, 1996), was möglicherweise unter anderem daran liegt, dass Mädchen ihre Ängstlichkeit eher zugeben (Rost & Schermer, 2006). So zeigt die Dresdener Kinder-Angst-Studie (DKAS) zur Selbst- und Fremdeinschätzung von Achtjährigen, dass sich Mädchen häufiger selbst als ängstlich einschätzen und auch von außen so eingeschätzt werden, als das für Jungen der Fall ist (Federer et al., 2000). Die Geschlechterunterschiede von ängstlichen Schülerinnen und Schülern treten bereits im Vorschulalter auf und werden vor allem im Verlauf der Pubertät immer deutlicher. Der Grund dafür, dass Mädchen und Frauen häufiger und intensiver unter psychosomatischen Störungen wie Angstzuständen, Depressionen sowie Befindlichkeitsstörungen leiden, wird beispielsweise auf mögliche gesellschaftliche Hintergründe zurückgeführt. Durch eine rollenspezifische Sozialisation wird der Frau Emotionalität und weniger Selbstbeherrschung zugeschrieben im Vergleich zum männlichen Geschlecht (Di Maria & Di Nuovo, 1990; Katschnig & Hanisch, 1999).

Andere Studien beziehen sich auf unterschiedliche genetische Prädispositionen von Frauen und Männern, um eine Geschlechtsspezifik zu erklären (Ernst, 2001; Lewinsohn, Gotlib, Lewinsohn, Seeley & Allen, 1998; Nishizawa et al., 1997). Nach Ernst (2001) kommt es aufgrund der weiblichen Physiologie des Gehirns häufiger zu Stressreaktionen, da die rechte Gehirnhälfte (zuständig für Wahrnehmung von Gefahren und Angst) bei Frauen schneller und stärker angeregt wird als bei Männern. Der OECD-Report über Mechanismen im Gehirn und deren Einfluss auf das Lernen (2002) greift beide Argumentationslinien auf mit dem Fazit, Geschlechtsunterschiede weder allein auf Basis rein biologischer bzw. rein kultureller Faktoren erklären zu wollen. Die Diskussion über die Bedeutung von Umwelteinflüssen gegenüber genetischen Prädispositionen wird in Kapitel 20 erneut aufgegriffen und fortgeführt. Beide Perspektiven (Umwelt – Biologie) haben gleichermaßen eine essenzielle Bedeutung für die Entstehung als auch Prävention von Prüfungsängsten.

Neurowissenschaftliche Erkenntnisse zu Stress und Angst

15 Neurowissenschaftliche Erkenntnisse

Durch die Entwicklung bildgebender Verfahren in den Neurowissenschaften haben sich in den letzten 20 Jahren vermehrt Gehirnforscher mit den Phänomenen Angst und Stress beschäftigt. Damit wurde der bisherige Fokus auf die Verhaltensebene und physiologische Reaktionen (Cortisol, Adrenalin) in der Stress- und Angstforschung um die neuronale Ebene und damit um die ursächliche Frage von Stress und Angst erweitert. Schließlich beginnt jedes Stress- und Angsterleben in unserem Gehirn. D. h., man beschäftigt sich vermehrt mit der Frage, wie das Gehirn Stress- und Angstauslöser erkennt und darauf reagiert. Darüber hinaus untersucht man auch die möglichen neurobiologischen Langzeitfolgen von Stress und Angst mittels funktioneller Magnetresonanztomographie (fMRT), Positronenemissionstomographie (PET), Elektroenzephalographie (EEG) und anderer Verfahren, die Einblicke in unser Gehirn ermöglichen.

> **Exkurs**
>
> Die funktionelle Magnetresonanztomographie (**fMRT**) ist ein bildgebendes Verfahren, welches die Veränderungen der Gewebsdurchblutung im Gehirn misst, die durch den Energiebedarf (d. h. Sauerstoffverbrauch) aktiver Nervenzellen hervorgerufen werden.
> Die Elektroenzephalographie (**EEG**) misst die elektrische Aktivität (Spannungsschwankungen) des Gehirns an der Kopfoberfläche.
> Die Positronenemissionstomographie (**PET**) ist ein bildgebendes Verfahren, welches mittels radioaktiv markierter Substanz im Organismus biochemische und physiologische Funktionen abbilden kann.

Im folgenden Kapitel werden die bisherigen Erkenntnisse aus diesen neurowissenschaftlichen Untersuchungen zusammengefasst, da sie wichtige Hintergrundinformationen zum Verständnis von Stress und Prüfungsangst und damit auch Hinweise zum besseren Umgang bzw. Präventions- und Interventionsansätze aufzeigen.

16 Die Stress- und Angstzentren im Gehirn: Neuroendokrine Prozesse

Im Laufe der Evolution haben sich im menschlichen Gehirn ältere und neuere Gehirnregionen entwickelt, so dass man auch von einem hierarchischen Organ spricht. Die älteren Gehirnregionen dominieren die Prozesse im Gehirn, da sie zuerst vorhanden waren. Sie sind u. a. für die Steuerung der Emotionen verantwortlich, die unbewusst und instinktiv erfolgen. Im Gegensatz dazu sind die jüngeren Hirnregionen primär für Prozesse des rationalen Denkens und des Bewusstseins zuständig.

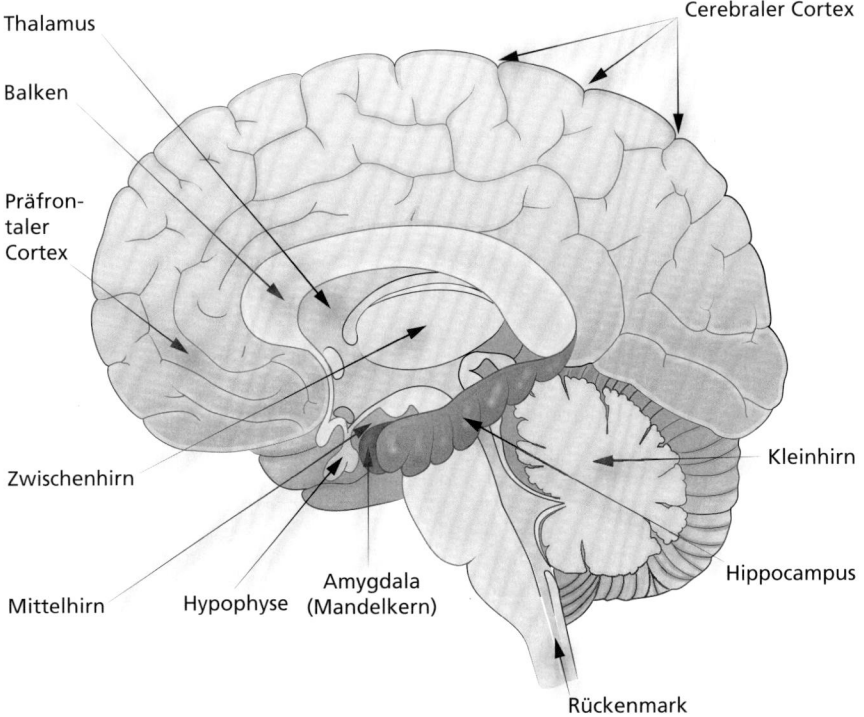

Abb. 3: Gehirn

Als emotionales Zentrum im Gehirn, das vor allem negative Emotionen wie Angst, Wut und Furcht steuert, gilt die Amygdala. Sie ist ein paariges Kerngebiet des Gehirns im medialen Teil des jeweiligen Temporallappens und Teil des limbischen Systems. Aufgrund ihres Aussehens wird sie auch Mandelkern genannt.

Von *der* Amygdala zu sprechen ist eigentlich nicht korrekt, da der Amygdalakomplex aus mindestens 13 Einzelkernen besteht, wobei meist drei Kerngruppen der Amydala unterschieden werden:

1. die zentromediale (engl. centromedial group) Kerngruppe mit den Nuclei centralis und medialis,
2. der basolaterale (engl. laterobasal group) Komplex mit den Kernen Nucleus lateralis, Nucleus basalis und Nucleus basolateralis sowie
3. die cortikale oder auch superfizielle (engl. superficial group) Kerngruppe mit dem Nucleus corticalis (Bzdok, Laird, Zilles, Fox & Eickhoff, 2013; Amunts et al., 2005).

Der Amygdalakomplex spielt vor allem bei der Entstehung, Wiedererkennung und körperlichen Reaktion von Angst eine Rolle und fungiert dabei als emotionaler Verstärker und emotionales Gedächtnis. Er sorgt dafür, dass wir unangenehme Erlebnisse sehr schnell lernen und zukünftig vermeiden. Initiiert von der Amygdala werden weitere Gehirnregionen aktiviert: z. B. die Basalganglien, die uns zucken lassen, wenn wir uns aufgrund eines Reizes erschrecken, der Hirnstamm, der unser Herz bis zum Hals schlagen lässt, wenn wir Angst haben, der Thalamus, welcher den präfrontalen Cortex aktiviert, der sensorische Signale mit Gedächtnisleistung und emotionaler Bewertung verbindet und im Zweifelsfall die Amgydalaaktivität hemmen kann. Darüber hinaus wird auch der Hypothalamus als Zentrale des vegetativen Nervensystems aktiviert, der die so genannten Stressachsen erregt, indem Cortisol aus der Nebennierenrinde und Adrenalin sowie Noradrenalin aus dem Nebennierenmark ausgeschüttet werden (Details werden im Verlauf dieses Kapitels angeführt) (Pinel, 2001). Angst produziert folglich einen ganz speziellen kognitiven Stil, der das rasche Ausführen gelernter Routinen vereinfacht, das Assoziieren von verschiedenen komplexen Informationen aber erschwert. Mit anderen Worten, wir können in Angstsituationen routiniert handeln, aber nicht kreativ denken. Vor allem ist unser Gehirn außerstande, Neues zu lernen. Zwar ermöglichen die Stresshormone, dass wir in einer Gefahrensituation best- und schnellstmöglich handeln, allerdings können sie Gehirnareale deaktivieren, die für zielgerichtetes Denken zuständig sind. D. h., dass insbesondere der präfrontale Cortex (Großhirnrinde) durch die Stresshormone blockiert wird, so dass wir nicht in der Lage sind, rational zu denken oder auf Gedächtnisinhalte zuzugreifen. Dieser Effekt wirkt allerdings nur kurzfristig.

Wenn plötzlich eine giftige Schlange unseren Weg kreuzt, versetzt uns die Amygdala in die Lage, möglichst schnell und instinktiv adäquat zu handeln: Wir erschrecken, hüpfen nach hinten, das Herz schlägt schneller, Puls und Blutdruck erhöhen sich und wir flüchten vor der lebensbedrohlichen Situation. Der berühmte Neurowissenschaftler LeDoux (1998) hat dabei zwei verschiedene Systeme der Stressverarbeitung im Gehirn unterscheiden können, die parallel ablaufen: Der

Thalamus nimmt einen Reiz wahr (z. B. Schlange) und sendet diese Information zum einen direkt zur Amygdala (»fast fear – low road«), zum anderen zunächst zum Cortex, der nach genauerer Analyse dann wiederum die Amygdala aktiviert (»slow fear – high road«). Bei der »fast fear« reagieren wir direkt und sehr schnell innerhalb von 12 Millisekunden auf den Reiz, ohne den Stimulus (Schlange) zu analysieren, da der Cortex nicht involviert ist. Das ist der Moment, in dem wir erschrecken, nach hinten hüpfen und die Körperreaktionen einsetzen. Dabei ist ein Kreislauf in unserem Gehirn aktiv, in dem sehr schnell Informationen von der lateralen zur zentralen Amygdala überliefert werden, die Gehirnregionen aktiviert, die reaktive Körperreaktionen kontrollieren (Blutdruck, Herzrate, Atmung, Schwitzen, Pupillenkontraktion, Freisetzen von Stresshormonen etc.). LeDoux nennt diesen Prozess der »fast fear« auch »low road«, weil er nicht sehr akkurat ist. Mit anderen Worten, da der Stimulus nicht bewertet wird, können Fehler passieren: »Das ist ja gar keine Schlange, sondern nur ein Ast«. Parallel dazu findet ein Prozess des Analysierens und Agierens im Gehirn und Körper statt, der auf vorangegangenen Erfahrungen und der Fähigkeit, Entscheidungen zu treffen, basiert: Dabei ist der Cortex involviert, der die Gefahr näher analysiert: »Es ist tatsächlich eine Schlange! Lauf weg!« und die Amygdala aktiviert, so dass wir Angst empfinden und entsprechende Reaktionen eingeleitet werden. Dieser Prozess dauert 24 Millisekunden. Also doppelt so lange wie die »fast road«, die lebensrettend sein kann, weil wir zunächst, ohne den Stimulus zu analysieren, direkt auf die potenzielle Gefahr reagieren. LeDoux zufolge gibt es zwei parallele Stresssysteme im Gehirn, weil die Evolution nicht in der Lage war, Schnelligkeit und Akkuratesse in ein System zu integrieren (LeDoux, 1998; vgl. Grandin & Johnson, 2005). Das eine Stresssystem ermöglicht ein schnelles und unbewusstes Agieren, welches möglicherweise in der Situation wenig akkurat ist, wenn es sich z. B. um einen Ast und keine Schlange handelt. Das andere Stresssystem ermöglicht eine akkurate und bewusste, jedoch langsamere Reaktion, da der Stimulus auf sein Gefahrenpotenzial hin bewertet wird und erst danach eine Reaktion folgt.

Exkurs

Wenn wir Angst empfinden, dann sind wir (bzw. unser Gehirn) allerdings nicht in der Lage, Neues zu lernen bzw. Neues mit bereits Gelerntem zu verknüpfen. Dass die Aktivierung der Amygdala und das Gefühl von Angst in einer Gefahrensituation (z. B. Schlange) überlebensnotwendig sind, ist einleuchtend. Erleben wir aber Angstgefühle in Lernsituationen (z. B. Angst, in die Schule zu gehen, Angst vor Klassenkameraden oder dem Lehrer, Angst, sich in Prüfungen zu blamieren), dann sind wir nicht in der Lage, kreativ zu sein und Neues zu lernen.

Lange Zeit war man sich innerhalb der Neurowissenschaften sicher, dass die Amygdala als einzige Hirnregion für Angst und Furcht verantwortlich ist, da Menschen mit dem Urbach-Wiethe-Syndrom – einer sehr seltenen genetisch bedingten Krankheit, bei der die Amygdala verkalkt und infolgedessen funktionsunfähig ist – keine Gefühle von Angst und Furcht kennen. Wissenschaftler haben drei dieser Patienten im Experiment mit 12 gesunden Probanden als Kontrollgruppe CO_2-reiches Gas einatmen lassen. Normalerweise erkennt ein gesunder Mandelkern den durch das Kohlenstoffdioxid steigenden Säuregehalt im Blut als Anzeichen einer drohenden Erstickung und löst ein Gefühl von Angst bis hin zur Panik aus. Die Wissenschaftler nahmen daher an, dass die drei Patienten mit dem Urbach-Wiethe-Syndrom kein Angsterleben oder Panik aufzeigen werden. Interessanterweise zeigten jedoch auch diese Patienten starke Angst und Panik, teilweise stärker und schneller als die gesunden Probanden (Feinstein et al., 2013). D. h., die Amygdala ist nicht die einzige Hirnregion, die für Furcht und Angst zuständig ist. Die Wissenschaftler gehen davon aus, dass das Gehirn external ausgelöste Furcht (z. B. Schlange auf dem Weg) von internal ausgelöster Furcht (z. B. Einatmen von CO_2) unterscheidet und unterschiedliche Mechanismen ablaufen, die andere Gehirnregionen aktivieren (z. B. Insula, die möglicherweise unter anderem für die emotionale Bewertung von Schmerz zuständig ist) (Feinstein et al., 2013). Die Neurowissenschaften sind kontinuierlich mit dem weiteren Entschlüsseln dieser Prozesse beschäftigt.

Während die Amygdala – trotz dieses CO_2-Experiments – nach wie vor als *das* Angstzentrum des Gehirns gilt, gibt es vergleichsweise nicht *ein* oder *das* Stresszentrum im Gehirn. Jedes Stresserleben beginnt mit dem Gefühl der Angst und setzt eine neuroendokrine Stressreaktion in Gang: Nimmt das Gehirn Angst/Stress wahr, dann lösen verschiedene Hormonachsen (auch Stressachsen genannt) physiologische Stressreaktionen aus. Die beiden wichtigsten Achsen – die *Sympathikus-Nebennierenmark-Achse* (SNA, SAM) und die *Hypothalamus-Hypophysen-Nebennierenrinden-Achse* (HHNA, HPA-Achse) dienen der Erhöhung der Leistungsbereitschaft. Ist die Stressreaktion kontrollierbar (in unserem Beispiel entkommen wir der Gefahr [Schlange] durch Weglaufen), dann wird in der Regel die SAM-Achse aktiviert und – wenn überhaupt – die HPA-Achse nur kurzfristig stimuliert (Hüther, 2011). Solche akuten Stresssituationen entstehen, wenn wir zuerst etwas Unerwartetes wahrnehmen und dieses Unerwartete auch noch bedrohlich erscheint. Das können psychosoziale Stressoren (z. B. Konflikte mit anderen Menschen, Prüfungen), aber auch physische Belastungen (z. B. Schmerz, Unterzuckerung oder extreme körperliche Anstrengung) oder eben der Anblick einer Schlange auf dem Weg sein. Es führt dazu, dass in unserem Gehirn die »Alarmglocken« zu läuten beginnen (Hüther, 2011). Genauer gesagt werden sensorische Signale im Cortex (siehe oben: »slow fear – high road«) oder schneller und direkt durch das limbische System und insbesondere die Amygdala (siehe oben: »fast fear – low road«) als bedrohlich identifiziert. Diese aktivieren mit Hilfe des Hypothalamus-Hormons CRH (Corticotropin-Releasing-Hormon) wiederum den Locus caeruleus im Hirnstamm, der das Zentrum noradrenerger Aktivität im zentralen Nervensystem und Steuerzentrale des Sympathikus ist. Wird durch diese Steuerung das sympathische Nervensystem stimuliert, dann ist unser Körper in den oben bereits skizzierten Alarmzustand (z. B. Haare richten sich auf, erweiterte Pupillen etc.) versetzt (Rensing, Koch, Rippe & Rippe, 2005). Dieser Prozess wird vom Nebennierenmark unterstützt, das das Noradrenalin und das Kurzzeitstresshormon Adrenalin freisetzt, welche wiederum durch die Blutbahn zu zahlreichen

Organsystemen gelangen (vgl. Thomas, 2015). Dieser Prozess führt zu zahlreichen metabolischen, kardiovaskulären und zentralnervösen Effekten, die unseren Körper durch eine erhöhte Aufmerksamkeit, bessere Sauerstoffversorgung, Glukose und freie Fettsäuren bestmöglich für eine Kampf- oder Fluchthandlung mobilisieren. Diese Sympathikus-Reaktion wird deswegen auch als Kampf-oder-Flucht-Reaktion (»fight or flight«) (Cannon, 1915) bezeichnet, da sie uns in die Lage versetzt, sich in der Gefahrensituation zu verteidigen bzw. in Sicherheit zu bringen. Man kann sagen, sie sichert unser Überleben. Wir haben die Gefahr erkannt (Schlange) und gebannt (Flüchten). Sobald die Gefahr vorüber ist, sinkt der Grad an Stresshormonen wieder in den »Normalzustand«, ohne dass langfristige körperliche Effekte bzw. Einschränkungen entstehen.

Exkurs

Männer reagieren übrigens häufiger als Frauen auf Stress mit fight-or-flight. Frauen zeigen hingegen häufiger eine Tend-and-befriend-Reaktion (Taylor et al., 2000) (▶ Kap. 6). Damit ist eine Verhaltensreaktion auf Stress gemeint, in der soziale Netzwerke zum Schutz vor Bedrohung aufgebaut werden. Die Tend-and-befriend-Reaktion wird durch das sogenannte Freundschaftshormon Oxytocin ausgelöst, das den Zusammenhalt unter Gleichgesinnten begünstigt. Diese Stressreaktion ist tendenziell physiologisch gesünder, da dabei nicht die HPA-Achse aktiviert wird.

Ein gewisser Grad an akutem Stress ist in manchen Situationen jedoch wünschenswert, da er das Gehirn zu Höchstleistung fördert, wie es in einer Studie mit Tierexperimenten nachgewiesen werden konnte (Kirby et al., 2013). In dieser Untersuchung zeigten Ratten nach akutem Stress eine erhöhte Aktivität von neu gebildeten Nervenzellen im Hippocampus. Was aber, wenn wir keine Lösung für die Bedrohung finden? Was passiert, wenn die Gefahr und damit Angst und Stress anhalten? Was sind die Folgen von unkontrollierbaren Stresssituationen? Hüther (2011) zufolge werden zusätzlich zu den »Alarmglocken« noch die »Sirenen« in unserem Gehirn aktiviert: Wenn die Aktivierung kortikaler (betrifft die gesamte Hirnrinde) und limbischer Strukturen sowie die der zentralen und peripheren noradrenergen Systeme lang anhalten und sich zudem wechselseitig aufschaukeln, dann wird die HPA-Achse (etwas verzögert) aktiviert. Mit dieser Aktivierung geht eine massive und lang andauernde (neben anderen Hormonen) Cortisolausschüttung durch die Nebennierenrinde einher. Da Cortisol in Stresssituationen bis zum 10-fachen der normalen Plasmakonzentration erreichen kann, werden zusätzlich zur Wirkung der SAM-Achse weitere Energiereserven aktiviert, die für eine noch höhere Leistungsfähigkeit sorgen. Im Gegensatz zu Adrenalin, kann Cortisol als fettlösliches Hormon die Zellmembranen passieren und so spezifische Gene (z. B. zur Neusynthese von Glukose) aktivieren oder unterdrücken (z. B. um Stressreaktionen auch wieder zu drosseln) (vgl. Rensing, Koch, Rippe & Rippe, 2005). Mit anderen Worten, Cortisol hat tiefgreifendere und weitreichendere Wirkungen als das Kurzzeitstresshormon Adrenalin (vgl. Hüther, 2011), da Cortisol hemmend und destabilisierend auf das zentrale Nervensystem wirkt und damit maßgeblich an pathopsychologischen Entwicklungen, d. h. an psychisch bedingten Krankheiten bei Dauerstress beteiligt ist. Aus der Angst, die wir zu Beginn der Stressreaktion empfanden, wird zunehmend Verzweiflung. Wir fühlen uns ohnmächtig und hilflos, weil sich die Stressreaktion im Körper nicht mehr kontrollieren lässt. Dauert die Stressreaktion an, weil wir nicht in der Lage sind, sie aufzulösen, spüren wir, wie die Dauerbelastung unsere Energiereserven aufbraucht, wir sind müde, kraft- und mutlos (Hüther, 2011). An dieser Stelle möchten wir nicht schon auf das nächste Kapitel vorgreifen, in dem die Langzeitfolgen von Stress und Angst thematisiert werden, sondern wollen uns vielmehr die Frage stellen, wieso unser Körper auf diese eben beschriebene Art und Weise auf anhaltende Bedrohung reagiert? Handelt es sich um eine Fehlfunktion der Natur, um ein fehlerhaftes Rudiment der Evolution? Auf den ersten Blick könnte man das meinen, schließlich scheint es nicht sehr clever von der Natur, uns bei chronischem Stress durch die übermäßige Ausschüttung von Cortisol dauerhaft zu lähmen. Hüther interpretiert Dauerstress hingegen als einen Ausweg bzw. als Chance, völlig neue Lösungsstrategien für ein Problem zu finden (Hüther, 2011). Stellen Sie sich vor, Sie haben einen unlösbaren Konflikt mit ihrem Chef. Sie gehen in sich, suchen nach Auswegen, die sich vorher in ihrem Leben als geeignete Lösungswege bewährt hatten. Immer wieder gehen Sie den Konflikt im Kopf durch, können nicht mehr schlafen, nichts mehr essen. Der Konflikt raubt Ihnen Ihre Kräfte, je länger er anhält. Der Kopf tut Ihnen schon weh vom vielen Nachdenken. Es gibt einfach keine Lösung. Und wieder ist unser Gehirn schlauer als wir selbst: Je länger nämlich die Stresshormone unseren Körper durchfluten, desto mehr weichen sie bestehende neuronale Vernetzungen in unserem Gehirn auf, bis sie teilweise verschwinden.

Exkurs

In unserem Gehirn sind von Geburt an zahlreiche Neuronen (vgl. Ittel & Raufelder, 2008) angelegt, die sich je nach Einwirkung (Umwelt) auf die Sinnesorgane entwickeln. D. h., unser Gehirn startet mit einer genetisch bedingten Grobverdrahtung, die durch unsere Erfahrungen mit der Umwelt zu Feinverdrahtungen ausgebaut wird (Jensen, 1998). Die Information wird in Form von Verbindungsstärken zwischen den Neuronen gespeichert (Synapsenstärke). Gerne wird hierfür das Bild von Straßen verwendet (vgl. Hüther, 2011): Wenn gewisse Hirnverbindungen durch unsere Erfahrungen und Interaktion mit der Umwelt häufiger genutzt werden, bilden sich die Vernetzungen zwischen den Neuronen zu »Autobahnen« aus und wir können noch schneller agieren und reagieren. Andere Verbindungen, die wir nicht so häufig nutzen, bleiben »Feldwege« oder verkümmern gänzlich.

Warum? Weil unsere bisherigen Erfahrungen, Routinen und Handlungsweisen, die im Gehirn durch neuronale Vernetzungen verankert sind, offensichtlich nicht helfen, die Situation zu lösen. D. h., es werden neuronale Vernetzungen aufgelöst, die uns möglicherweise daran hindern, neue Lösungswege einzuschlagen, um das

Problem bzw. die Stresssituation zu lösen. Mit anderen Worten, wir müssen uns von den über Jahrzehnte gewonnenen Routinen verabschieden und neue, in der Situation geeignete Wege zur Bewältigung der Angst finden (vgl. Hüther, 2011). Hüther beschreibt anschaulich, dass sich Neuronen-Autobahnen in unserem Gehirn zu Neuronen-Feldwegen und umgekehrt formieren. Dauert die unkontrollierbare Stressreaktion allerdings zu lange an, ohne dass wir eine Lösung (durch Umbau unserer neuronalen Vernetzungen im Gehirn) finden, dann wird sie zur »wachsenden Gefahr für unsere geistige, emotionale und körperliche Integrität« (Hüther, 2011, S. 77). Bei dauerhafter Aktivierung der HPA-Achse bzw. bei anhaltendem Stress bleibt der Cortisolspiegel erhöht. Das haben sowohl Experimente mit sozial untergeordneten Tieren als auch Studien mit Menschen gezeigt, die dauerhaft unter psychosozialem Stress oder Depressionen leiden (Rensing, Koch, Rippe & Rippe, 2005). Dauerhaft erhöhtes Cortisol ist maßgeblich an der Genese von Glukose und Hyperglykämie beteiligt, es hemmt zudem die Protein- und Fettsynthese, die Immunabwehr, macht anfälliger für Infektionserkrankungen (vgl. Faller & Lang, 2007) und vermindert die Ausschüttung von Sexualhormonen. Im zentralen Nervensystem hemmt es die Gedächtnisleistung, Informationsverarbeitung, Sexualität, Schlaf sowie den Aufbau und die Differenzierung neuronaler Vernetzungen (Rensing, Koch, Rippe & Rippe, 2005; vgl. Birbaumer & Schmidt, 2010). Da das Stresshormon Cortisol nicht nur auf das zentrale Nervensystem Einfluss hat, sondern darüber hinaus auch auf eine Vielzahl von Organfunktionen, steht es unter dem Verdacht, gesundheitsschädigend zu sein. So zeigen einige Befunde beispielsweise, dass gesundheitliche Beeinträchtigungen durch psychosozialen Stress in Zusammenhang mit physiologischen Stressreaktionen stehen, besonders wenn diese in ihrer Intensität stark sind oder wiederholt auftreten (Brotman, Golden & Wittstein, 2007; Hamer, Endrighi, Venraju, Lahirit & Steptoe, 2012; Hamer, O'Donnell, Lahiri & Steptoe, 2010; vgl. Thomas, 2015). Bevor wir im Detail auf die Gesundheitsgefährdungen durch Angst und Stress eingehen, werden zunächst die neurobiologischen Langzeitfolgen chronischen Stresses im folgenden Kapitel thematisiert.

17 Neurobiologische Folgen von Angst und chronischem Stress

Während akuter Stress und die darauffolgenden neuroendokrinen Reaktionen unser Überleben in gefährlichen Situationen sichern, kann chronischer Stress und die andauernde Ausschüttung von Stresshormonen – wie bereits in Kapitel 16 beschrieben – nicht nur unseren Körper schädigen, sondern auch unser Gehirn. Während Adrenalin und Noradrenalin als sogenannte Kurzzeitstresshormone gelten, da sie sich nach Beendigung der akuten Stresssituationen wieder auflösen und den Körper nicht weiter belasten, strömt Cortisol langfristig durch den Organismus, was zur Schädigung desselben führen kann. Einige dieser gehirnspezifischen Stresssymptome sind offensichtlich, wie z. B. Gedächtnisprobleme, anhaltende Angstzustände oder Besorgnis. Die meisten Effekte von Stress auf unser Gehirn passieren aber »verdeckt« und wir bemerken – wenn überhaupt – die Nebenwirkungen als eine Art Spätfolge. So führen hohe Dauerdosen von Cortisol zu einem Überschuss des Neurotransmitters Glutamat (Bremner, 2006). Glutamat wiederum erzeugt freie Radikale, welche die Neuronen im Gedächtniszentrum angreifen und ihre Zellmembran durchlöchern (Alekseenko, Kolos, Waseem & Fedorovich, 2009).

> **Exkurs**
>
> Freie Radikale, auch als ungebundene Radikale bezeichnet, können Stoffwechselprozesse stören, indem sie anderen Molekülen Elektronen »entreißen« und somit Körperzellen und sogar die Erbsubstanz schädigen. Freie Radikale können demnach Krankheiten wie Krebs, Diabetes, Herz-Kreislauf-Erkrankungen etc. verursachen.

> **Exkurs**
>
> Stress kann auch indirekt zu einem Lebensstil führen, der mehr freie Radikale erzeugt, insofern chronischer Stress mit Schlafmangel, zu viel Alkohol- oder Zigarettenkonsum, ungesunder Ernährung etc. einhergeht (Adeniyi, 2015; Azagba & Sharaf, 2011; Han, Kim & Shim, 2012), die wiederum die Produktion freier Radikale begünstigt.

Durch diesen Prozess können nicht nur einzelne Nervenzellen im Gehirn absterben, sondern ganze Areale zerstört werden. Dabei wird vor allem der Hippocampus

(Gedächtnis) geschädigt, der zu den aktivsten Strukturen des Zentralnervensystems gehört (Rensing, Koch, Rippe & Rippe, 2005). Mit anderen Worten, wir vergessen Termine, Verabredungen, verlegen unsere Schlüssel usw., was letztlich unser Stresserleben nur noch verstärkt. Darüber hinaus führt chronischer Stress zu höherer Emotionalität. Studien haben gezeigt, dass die wachsende Dominanz der Amygdalaaktivität über den Hippocampus während und sogar noch nach chronischem Stress zu erhöhten emotionalen Symptomen bei gleichzeitig beeinträchtigten kognitiven Funktionen beiträgt (Ghosh, Laxmi & Chattarji, 2013). Dies ist besonders in der Adoleszenz zentral, in der sich das Gehirn noch entwickelt. Im Vergleich zu Erwachsenen sind die emotionalen Reaktionen Jugendlicher tendenziell intensiver, facettenreicher und extremer (Arnett 1999; Buchanan, Eccles & Becker, 1992; vgl. Pöhland & Raufelder, 2014). Aus neurobiologischer Sicht könnte das am generell schon geringeren Einfluss des frontalen Cortex und der gesteigerten Aktivität im limbischen System (inkl. Amygdala) während der Adoleszenz liegen (vgl. Somerville, Fani & McClure-Tone, 2011; Pöhland & Raufelder, 2014). Wenn Jugendliche in dieser sensiblen Phase der Adoleszenz zusätzlich Angst und Stress erleben, kann das zu pathophysiologischen und -psychologischen Einschränkungen führen. Während chronischer Stress die Synapsenplastizität und die Funktion der Amygdalaneuronen erhöht, verkümmern die Neuronen im Hippocampus (Huang, 2014) und präfrontalen Cortex. Entsprechend haben tierexperimentelle Studien gezeigt, dass Ratten, die chronischem Stress ausgesetzt waren, vermehrt amygdala-abhängige Furcht erlernt haben, was ein Beispiel für die oben erläuterte erhöhte Emotionalität unter Stress ist (Conrad, LeDoux, Magannos & McEwen, 1999). Dies kann sowohl aus einer Überaktivierung der neuronalen Verbindungen resultieren, die Furcht, Angst und Emotionen kontrollieren, als auch diese bedingen (vgl. Pittenger & Duman, 2008). Besonders die Unterschiede der Effekte von Stress auf die Amygdala im Vergleich zu denen auf den Hippocampus und präfrontalen Cortex sind verblüffend. Während akuter und chronischer Stress die Funktion des Hippocampus maßgeblich beeinträchtigt, insofern die Länge und Komplexität der Dendriten Zellfortsätze der Nervenzellen reduziert und die Neubildung von Nervenzellen (Neurogenesis) vermindert wird, nehmen nicht nur die Dendriten in der Amygdala in Länge und Komplexität zu, sondern auch die Amygdala an sich gewinnt an Volumen durch vermehrtes amygdala-abhängiges »Lernen von Furcht« (vgl. Pittenger & Duman, 2008). Mit anderen Worten, je ängstlicher und gestresster wir sind, desto ängstlicher und gestresster werden wir durch die Volumenzunahme in der Amygdala. Durch die Volumenabnahme im Hippocampus werden kognitive Prozesse eingeschränkt und wir können weniger gut lernen, klar denken und uns erinnern. Zudem fällt es uns schwerer, Entscheidungen zu treffen, impulsives Verhalten zu kontrollieren, und unser Arbeitsgedächtnis funktioniert eingeschränkt durch die Volumenabnahme im präfrontalen Cortex. Diese Anpassungsprozesse im Gehirn initiiert durch chronischen Stress erklären auch das »Versagen« von Menschen mit Prüfungsangst in Prüfungssituationen. Ist der Hippocampus bei chronischem Stress bereits beeinträchtigt, wird es zunehmend schwieriger, den Stress zu regulieren und den Organismus in einen »Normalzustand« (kein Stress) zu versetzen, da der Hippocampus maßgbelich an diesem Regulationsprozess beteiligt ist. Insgesamt zeigen die Erkenntnisse über die Veränderungen im Gehirn, dass Stress unterschiedliche Effekte auf verschiedene Gehirnregionen und -funktionen hat. So haben bildgebende Studien von Patienten, die an Depression leiden, gezeigt, dass sowohl der Hippocampus als auch der PFC an Volumen abnahmen, wohingegen die Amygdalagröße und -aktivität zugenommen hatten (Drevets, 2003; Bremner et al., 2000; Frodl et al., 2002; Lange & Irle, 2004; vgl. Pittenger & Duman, 2008).

Chronischer Stress und insbesondere die dauerhafte Ausschüttung von Cortisol haben noch weitere Folgen für unser Gehirn. So blockiert Cortisol ein Protein mit Namen brain-derived neurotrophic factor (BDNF), das sowohl maßgeblich an der Aufrechterhaltung existierender Neuronen im Gehirn beteiligt als auch für die Stimulierung neuer Nervenzellenformationen verantwortlich ist. Mit anderen Worten, dieses Protein stabilisiert bestehende Nervenzellen und versetzt unseren Organismus in die Lage, neue Nervenzellen und Synapsen zu entwickeln. BDNF kann zwar kurzzeitig negative Effekte von Stress auf das Gehirn kompensieren (Berchtold, Castello & Cotman, 2010), allerdings wird die Produktion von BDNF durch Cortisol vermindert (Issa Wilson, Terry & Pillai, 2010). Auch hier gibt es Verknüpfungen mit schwerwiegenden Erkrankungen: So geht ein niedriges BDNF-Level mit Depression, Zwangsstörungen (engl. obsessive-compulsive disorder bzw. OCD), Schizrophenie, Demenz und Alzheimer einher (Issa Wilson, Terry & Pillai, 2010; Mattson, 2008; Naveen, Varambally, Thirthalli, Rao, Christopher & Gangadhar, 2016; Xiong et al., 2014).

Einen ähnlich schädigenden Einfluss soll Stress auf die Blut-Hirn-Schranke (auch Blut-Gehirn-Schranke genannt) haben, die das Gehirn vor zirkulierenden Krankheitserregern, Toxinen und Botenstoffen im Blut schützt. Diese Schranke ist eine Art physiologische Grenze zwischen den Flüssigkeitsräumen im Blutkreislauf und denen im Zentralen Nervensystem. Sie agiert wie ein hochselektiver Filter, der die vom Gehirn benötigten Nährstoffe zuführt und entstandene Stoffwechselprodukte abführt. Die Blut-Hirn-Schranke besteht aus einer Gruppe von hochspezialisierten Zellen, die sozusagen als Wächter des Gehirns fungieren. Frühere tierexperiementelle Studien (Skultétyová, Tokarev & Jezová, 1998; Esposito et al., 2001) haben gezeigt, dass die Durchlässigkeit dieser protektiven Schranke bei Stress erhöht ist, d. h., dass Schwermetalle, Gifte, chemische Stoffe etc. eher in unser Gehirn gelangen und dort zahlreiche Schäden verursachen können (vgl. Zlokovic, 2008; Hawkins & Davis, 2005; Neuwelt et al., 2011). Allerdings hat eine aktuelle Studie an Mäusen diese Befunde nicht bestätigt (Roszkowski & Bohacek, 2016). Die Autoren vermuten, dass möglicherweise selektive Stressoren einen Einfluss auf die Durchlässigkeit der Blut-Hirn-Schranke haben. Zukünftige Forschung wird darüber sicherlich mehr Aufschluss geben.

Darüber hinaus reduziert chronischer Stress den Anteil an wichtigen Neurotransmittern in unserem Organismus, insbesondere an Serotonin und Dopamin (Tafet, Idoyaga-Vargas, Abulafia, Calandria, Roffman, Chiovetta & Shinitzky, 2001; Isovich, Mijnster, Flügge & Fuchs, 2000).

> **Exkurs**
>
> Neurotransmitter sind Botenstoffe, die Reize von einer Nervenzelle zu einer anderen Nervenzelle oder Zelle weitergeben, verstärken oder modulieren.

Serotonin wird auch das Wohlfühl- oder Glückshormon genannt, weil es unsere Stimmung hebt. Ist unser Serotoningehalt niedrig (z. B. bei chronischem Stress), sind wir schlecht gelaunt, ängstlich oder im schlimmsten Fall depressiv. Serotonin ist aber nicht nur für unsere Stimmung zuständig, sondern maßgeblich auch am Lernen, der Appetitkontrolle und unserem Schlaf beteiligt. Es wirkt zudem im Magen-Darm-Trakt, hat Einfluss auf das Herz-Kreislauf-System und den Augeninnendruck, reguliert die Körpertemperatur und weitere wichtige Funktionen in unserem Körper. So verbraucht Stress zwar große Mengen an Serotonin, wenn aber ausreichende Mengen an Serotonin vorhanden sind, kann Stress viel besser bewältigt werden, da es die oben ausführlich beschriebenen Stresshormone Cortisol, Adrenalin und Noradrenalin regulieren kann. Ist unser Serotoninspiegel jedoch zu niedrig, fällt es uns schwer, Stress zu bewältigen, und das Risiko, Depressionen, Angstzustände, Essattacken, Impulskontrollstörungen etc. zu entwickeln, ist erhöht. Das erklärt auch, warum die Forschung seit Jahren an Möglichkeiten zur Steigerung von Serotonin zur Bekämpfung von Depressionen arbeitet (vgl. Young, 2007).

Dopamin wird im Volksmund oft als Glücks- oder Motivationshormon beschrieben, da es leistungssteigernd und motivationsfördernd wirkt. Dopamin wirkt wie eine Leistungsdroge und wird von unserem Belohnungssystem im Gehirn ausgeschüttet (vgl. Ittel & Raufelder, 2008), wobei verschiedene Dopaminsysteme im Gehirn unterschieden werden.

> **Exkurs**
>
> Im Bereich des Mittelhirns haben Neurowissenschaftler Motivationssyteme identifiziert, die einen Botenstoff-Cocktail aus Dopamin, Oxytozin und körpereigenen Opioiden ausschütten, der uns vital und motiviert fühlen lässt. Diese drei Botenstoffe haben eine ergänzende Wirkung: Dopamin als »Leistungsdroge« vermittelt Wohlbefinden und steigert unsere Konzentration und Handlungsbereitschaft. Endoge Opioide beeinflussen das Spaßgefühl bei einer Tätigkeit, sind dabei stimmungsaufhellend, verbessern das Ich-Gefühl und vermitteln Lebensfreude. Das sogenannte »Freundschaftshormon« Oxytocin ist für die soziale Komponente verantwortlich, insofern es die Motivation an die Qualität der Beziehung knüpft, die vor allem durch Vertrauen geprägt wird. Mit anderen Worten, wenn wir für oder mit Menschen etwas tun können, denen wir vertrauen, dann sind wir besonders motiviert (vgl. Ittel & Raufelder, 2008).

Gegenwärtig gehen Neurowissenschaftler davon aus, dass zwei dieser Dopaminsysteme für Motivation und Belohnung zuständig sind. Während das eine dieser Dopamin-Systeme eine direkte Verbindung zum Cortex hat und klares Denken durch Dopaminfreisetzung ermöglicht, aktiviert das andere Dopamin-System Neuronen, die endogene Opiode (d. h. vom Gehirn selbst produzierte opiatähnliche Stoffe) produzieren und uns mit einem guten Gefühl belohnen (vgl. Ittel & Raufelder, 2008). Wenn unser Dopamingehalt zu niedrig ist (z. B. bei chronischem Stress) (Isovich, Mijnster, Flügge & Fuchs, 2000; Pani, Porcella & Gessa, 2000), fühlen wir uns entsprechend unkonzentriert, unmotiviert, lethargisch und depressiv. Meist unbewusst »helfen« wir uns bei niedrigem Dopaminspiegel mit Koffein, Zucker, Alkohol oder illegalen Drogen, die den Dopamingehalt kurzfristig erhöhen. Ist der Dopamingehalt hingegen zu hoch, nehmen wir mehr Informationen wahr, als dass unser Gehirn diese angemessen verabeiten kann, was zu Angstzuständen, Psychosen und sogar Schizophrenie führen kann. Man geht davon aus, dass auch die Aufmerksamkeits-Defizit-Syndrome (ADS und ADHS) auf einer Dopamin-Stoffwechselstörung basieren, insofern bei Betroffenen das Dopamin zu schnell abgebaut wird, so dass die im Gehirn ankommenden Reize durch die Neuronen nicht mehr gefiltert werden können. Auch in diesem Bereich sind Forscher weltweit damit beschäftigt, die spezifischen Zusammenhänge zwischen Dopamingehalt und Krankeiten wie sozialen Angststörungen und Depression weiter zu entschlüsseln (Nutt, 2006; Dunlop & Nemeroff, 2007; van der Wee, van Veen, Stevens, van Vliet, van Rijk & Westenberg, 2008).

Auch wenn die genauen Zusammenhänge in unserem Gehirn zwischen chronischem Stress und mentalen Krankheiten noch lange nicht vollständig geklärt sind, kann man nach aktuellem Forschungsstrand dennoch festhalten, dass Stress die Entwicklung zahlreicher Störungen wie z. B. Panikattacken, Depression, Schizophrenie, bipolare Störung und Angststörung, posttraumatische Belastungsstörung sowie Drogensucht und Alkoholismus begünstigt (Salleh, 2008; Sinha, 2008). Darüber hinaus wird vermutet, dass Stress das Risiko erhöht, an Demenz und Alzheimer zu erkranken, da ein erhöhter Cortisolspiegel bei Demenzpatienten gefunden wurde (Lara et al., 2013) und chronischer Stress die Hirnareale schädigt (Hippocampus und präfrontaler Cortex, s. o.), die auch bei Demenz und Alzheimer betroffen sind (vgl. Mah, Szabuniewicz & Fiocco, 2016).

In den letzten Jahren wurde Stress auch in Verbindung mit der Verkürzung unserer Telomere (die Enden der Chromosomen) gebracht. Telomere sind Strukturelemente unserer DNA, die für ihre Stabilität verantwortlich sind. Mit jeder Zellteilung verkürzen sich unsere Telomere, bis sie eine kritische Länge erreicht haben und die Zelle sich nicht weiter teilt und es folglich zum Zelltod kommt.

In den letzten 10 Jahren haben Studien die Beziehung zwischen Telomerlänge und Gesundheit untersucht (Epel et al., 2004) und herausgefunden, dass kurze Telomere ein Risikofaktor für zahlreiche Erkrankungen wie Krebs (Wentzensen et al., 2011), cardio-metabolische Dysfunktion (D'Mello et al., 2015), und Diabetes (Zhao et al., 2013) darstellen. Dabei scheint es, dass gestresste, depressive, ängstliche oder traumatisierte Menschen tendenziell kürzere Telomere haben als gesunde (Epel et al., 2004, Epel et al., 2006, Okereke et al., 2012, Tyrka et al., 2010, Simon et al., 2006; O'Donovan et al., 2011). So gibt es einen Zusammenhang zwischen Stressoren der letzten 5 Jahre (Verhoeven et al., 2015) sowie zwischen chronischem sozialen Stress (Oliveira et al., 2015) und verkürzten Telomeren. Zwei aktuelle Meta-Analysen (Schutte & Malouf, 2014; Mathur et al., 2016) haben einen Zusammenhang zwischen Stress und Telomerverkürzung bestätigt, wobei die Autoren auf methodologische und/oder statistische Fehler in den bisherigen Publikationen zum Forschungsfeld hinweisen, so dass auch hier auf zukünftige Forschung zu hoffen ist, die genauere Effekte, insbesondere langzeitliche Effekte von chronischem Stress, auf die Telomerverkürzung untersucht.

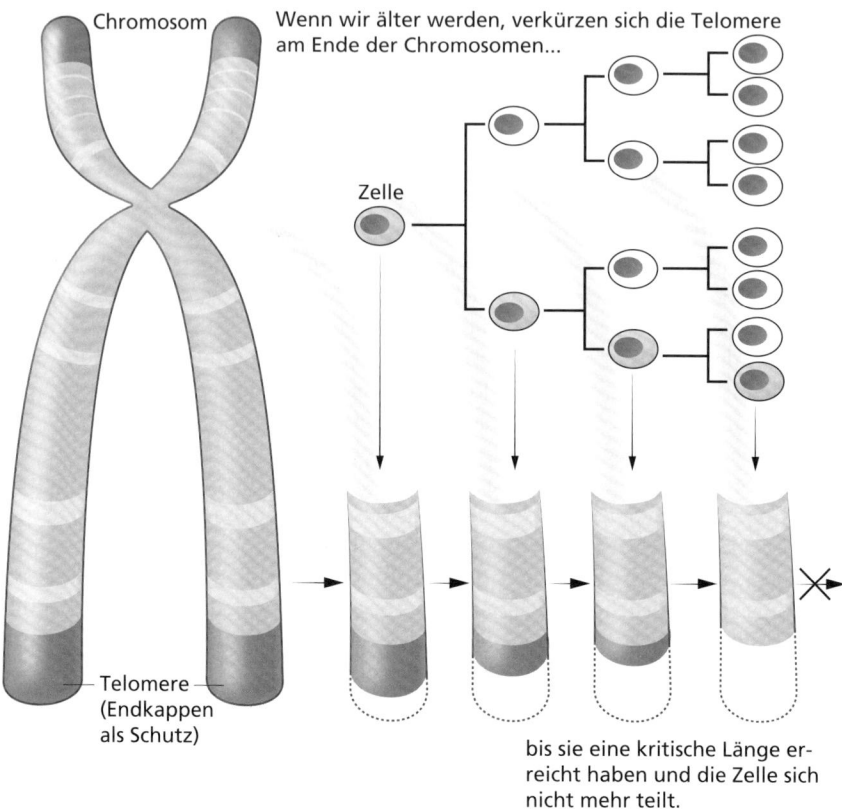

Abb. 4: Telomerverkürzung über die Lebensspanne (nach Wang, 2015)

Wie bereits oben mehrfach erwähnt, wird chronischer Stress und der Abfall an Serotonin (und auch Dopamin) immer wieder in Verbindung mit Depression gebracht. Seit einger Zeit gibt es jedoch eine Theorie, die Entzündungsreaktionen (engl. inflammatory response system) mit diesem Zusammenspiel in Verbindung bringt: das sogenannte Zytokine Modell der Depression (engl. cytokine model of depression). Zytokine sind regulatorische Eiweiße (Peptide), die der Steuerung der Immunantwort dienen, wobei verschiedene Gruppen von Zytokinen unterschieden werden. Man hat herausgefunden, dass mit chronischem Stress, der eine Depression auslösen kann, ein Anstieg an proinflammatorischen Zytokinen und eine Abnahme an antiinflammatorischen Zytokinen einhergeht (Himmerich, Fischer, Bauer, Kirkby, Sack & Krügel, 2013; Raison, Capuron & Miller, 2006; Maes et al., 1998). Ergebnissen einer Meta-Analyse zufolge haben depressive Patienten in der Tat höhere Konzentrationen an proinflammatorischen Zytokinen im Vergleich zu gesunden Menschen (Dowlatia et al., 2010), was die Theorie untermauert. Dafür spricht auch, dass Antidepressiva eine antiinflammatorische Wirkung haben (Kenis & Maes, 2002). Zudem haben Untersuchungen gezeigt, dass insbesondere depressive Menschen mit Selbstmordabsichten erhöhte Entzündungswerte aufweisen im Vergleich zu depressiven Patienten ohne Selbstmordabsichten (O'Donovan et al., 2013). Wie genau proinflammatorische Zytokine im Gehirn wirken und zur Depression beitragen, ist jedoch noch nicht gänzlich geklärt. Es gibt verschiedene Ansatzpunkte: So gehen einige Wissenschaftler davon aus, dass Zytokine den Stoffwechsel von Neurotransmittern verändern – insbesondere im Glutamat-Neurotransmitter-System – was folglich zu einer Depression führen kann (Müller & Schwarz, 2008). In diesem Zusammenhang untersuchten Miller und Kollegen (2005) Glucocorticoide (dazu zählt auch Cortisol) bei Menschen in stressigen Situationen und konnten zeigen, dass die Glucocorticoid-Sensibilität bei depressiven Frauen nach einer Stresssituation (im Experiment ein Bewerbungsgespräch) abnahm, wohingegen diese bei der gesunden Kontrollgruppe zunahm.

Exkurs

Glucocorticoide (auch Glukokortikoide) sind Steroidhormone aus der Nebennierenrinde. Die in unserem Körper natürlich vorkommenden Glucocorticoide (Cortisol und Cortocosteron) sind Abkömmlinge des Gelbkörperhormons (Progesteron). Glucocorticoide wirken entzündungshemmend und immunsuppressiv, sie beeinflussen den Stoffwechsel, den Wasser- und Elektrolythaushalt, das Herz-Kreislaufsystem und das Nervensystem.

Da Glucocorticoide normalerweise Entzündungsabläufe stoppen, schlussfolgern die Wissenschaftler, dass depressive Menschen Entzündungen während erlebten Stresses nicht kontrollieren können. Auch auf genetischer Ebene forscht man nach möglichen Erklärungen für diese Theorie.

Eine epigenetische Untersuchung konnte zeigen, dass sogar akuter Stress die DNA-Methylierung der Erbsubstanz und damit die Aktivität bestimmter Gene verändert (Unternaehrer et al., 2012). Mit anderen Worten, Stress wirkt sogar auf unsere DNA ein.

Info

Während die Erbsubstanz (DNS) die Bauanleitung für die Proteine liefert, die unser Körper braucht, wird die Produktion der Proteine einer Zelle vom Zelltyp und der Umwelt bestimmt. Die Epigenetik (auch »zweiter Code« genannt) wird als Bindeglied zwischen Umwelteinflüssen und Genen verstanden: Sie bestimmt mit, unter welchen Umständen welches Gen »an« bzw. wieder »stumm« geschaltet wird, was man auch Genregulation nennt. Epigenetische Informationen fungieren quasi als biologische Schalter.

> **Info**
>
> Bei der DNA-Methylierung handelt es sich um eine chemische Abänderung an Grundbausteinen der Erbsubstanz einer Zelle.

Frühere Studien hatten bereits einen Zusammenhang zwischen belastenden Erlebnissen und psychischen Traumata in frühen Lebensjahren und veränderter DNS-Methylierung (vgl. Klengel, Papea, Bindera & Mehta, 2014) eruiert. Die Untersuchung von Unternaehrer et al. (2012) konnte zeigen, dass sogar akuter Stress auf die DNS-Methylierung Einfluss nimmt. Die Wissenschaftler haben Gen-Abschnitte untersucht, die für die biologische Stressregulation bedeutsam sind: zum einen das Gen für den Oxytocin-Rezeptor (der Andockstelle für den als »Vertrauenshormon«, »Freundschaftshormon« oder »Antistresshormon« bekannt gewordenen Botenstoff Oxytocin), zum anderen das Gen für den bereits oben skizzierten brain-derived neurotrophic factor (BDNF) (s. o.). Während akuter Stress keinen Einfluss auf die Methylierung des BDNF-Gens hatte, konnte in einem Abschnitt des Oxytocin-Rezeptor-Gens bereits in den ersten zehn Minuten nach der Stresssituation ein Anstieg verzeichnet werden. D. h., dass die Zellen weniger Oxytocin-Rezeptoren bildeten. Die Methylierung fiel 90 Minuten nach dem Stresstest unter das Ausgangsniveau vor dem Test. Die Ergebnisse des Experiments lassen darauf schließen, dass es eine übermäßige Rezeptorproduktion während eines stressigen Ereignisses gab. Die Forscher unterstreichen den Wert epigenetischer Veränderungen als mögliches Bindeglied zwischen Stress und chronischen Erkrankungen. Auch hier können nur zukünftige Studien detailliertere Informationen über das Zusammenspiel von Stress, Epigenetik und chronischen Erkrankungen liefern.

Zusammenfassend lässt sich sagen, dass Angst und Stress mit zahlreichen neurobiologischen, endokrinen und epigenetischen Folgereaktionen einhergehen, wobei die Ausführungen auch deutlich gemacht haben, dass die Forschung bislang nur einen Bruchteil der komplexen Zusammenhänge entschlüsselt hat. Diesbezüglich muss auch darauf hingewiesen werden, dass viele der angeführten Studien auf Tierversuchen beruhen, die eine Übertragung auf den menschlichen Organismus nur bedingt zulassen. Nichsdestotrotz hat der kurze Überblick deutlich gemacht, dass Angst und Stress keine lapidaren Phänomene sind, die oberflächlich auf uns einwirken, sondern ernstzunehmende, weiterreichende und tiefgreifende Effekte auf uns und unsere Gesundheit haben. Mit anderen Worten, chronischer Stress und Prüfungsangst machen krank. Im folgenden Kapitel wollen wir noch einen genaueren Blick auf das tatsächliche Ausmaß von Stress auf unser psychisches und physisches Befinden werfen, wobei vor allem Anzeichen und Warnsignale von Stress im Fokus stehen, die uns helfen können, die Gefahr rechtzeitig zu erkennen. Schließlich sollten wir alle davor bewahrt werden, dass chronischer Stress unsere Lebensfreude und unser inneres Gleichgewicht raubt und uns langfristig krank macht.

Wie die Gesundheit durch chronischen
Stress und Prüfungsangst gefährdet wird

18 Chronischer Stress und Prüfungsangst machen krank

Stress ist einer der Hauptfaktoren der sechs häufigsten Todesursachen in den Vereinigten Staaten: Krebs, Herzinfarkt, Unfälle, Atemwegsinfektionen, Leberzirrhose und Selbstmord (Salleh, 2008). Einer Statistik des Meridian Stress Management Consultancy im Vereinigten Königreich zufolge sterben jedes Jahr ca. 180 000 Menschen aufgrund stressbedingter Erkrankung (Simmons & Simmons, 1997). Die Bandbreite stressbedingter Erkrankungen ist – neben den bereits oben skizzierten mentalen Erkrankungen – groß: Schlafstörungen, Rückenschmerzen oder Bauchschmerzen bis hin zu Magengeschwüren (vgl. American Psychological Association, 2010; vgl. FAZ-Institut & Techniker Krankenkasse, 2009; Sapolsky, 2004), Kopfschmerzen, Herzprobleme, Magen- und Darmprobleme, Schlafstörungen, Müdigkeit, Antriebslosigkeit, Adipositas, Fettablagerungen (Dallman et al., 2013), metabolisches Syndrom (Chandola et al., 2006), Infektion der Atemwege (Cohen et al., 1991), Immunschwäche (Kiecolt-Glaser et al., 1996; Antoni et al., 2006), kardiovaskuläre Erkrankungen (Iso et al., 2002), systemische Entzündungskrankheiten (Everson-Rose & Lewis, 2005; Miller & Blackwell, 2006; Yudkin et al., 2000), Beeinträchtigung der Atemwege (Lehrer, 2006) und Tumorwachstum (Antoni et al., 2006). Mit chronischem Stress und der vermehrten Ausschüttung von Cortisol gehen zudem Gewichtszunahme, Osteoporose, Verdauungsstörungen, Hormonstörungen, Herzerkrankungen und Diabetes einher (Salleh, 2008). Der Occupational Health and Safety und dem National Council on Compensation of Insurance zufolge erfolgen bis zu 90 % aller Arztbesuche der medizinischen Erstversorgung aufgrund stressbedingter Beschwerden (Salleh, 2008).

> **Exkurs**
>
> Insbesondere Stress am Arbeitsplatz gilt als Risikofaktor bei der Entwicklung von psychischen Störungen – wie Depression und Angststörungen (vgl. Wang, Lesage, Schmitz & Drapeau, 2008).

Auf den folgenden Seiten wollen wir auf mögliche Ursachen und Symptome von Stress eingehen, um den Leser für die schädigende Wirkung von Stress zu sensibilisieren.

19 Ursachen und Symptome – von den ersten Warnzeichen bis zu psychopathologischen Auffälligkeiten

Bittner und Lichtenthal (2012) weisen darauf hin, dass wohl eines der größten Probleme im Umgang mit Stress fehlende direkte und zeitnahe Warnsignale sind. Würden wir jedes Mal, wenn wir gestresst sind, einen Schmerz spüren, würden wir wahrscheinlich in Ohnmacht fallen oder wären zumindest viel sensibler für die zahlreichen stressigen Momente (die sogenannten *daily hassles* (▶ Kap. 2), die wir jeden Tag (teils unbemerkt und unbewusst) erleben und bewältigen müssen. Allerdings wären wir dann wohl kaum in der Lage, unseren Alltag effektiv zu bewältigen. Stress nehmen wir meist nur wahr, wenn er uns sehr offensichtlich beeinträchtigt, beispielsweise durch die Bedrohung einer Schlange, die unseren Weg kreuzt, Lampenfieber vor einem Auftritt oder eben Prüfungsangst, die uns bereits Tage vor der Prüfung unter Stress setzt und uns während der Prüfung behindert, unser volles Potenzial einzubringen. Selbst wenn Stress chronisch ist und uns bereits krank gemacht hat, nehmen wir ihn teilweise noch immer nicht wahr. Stress zeigt sich eher subtil, wie das Nucleus-Modell der neuromentalen Hauptprozesse nach Bittner (2003) zeigt.

Während die meisten Studien die Untersuchung und Aufschlüsselung dieser bereits skizzierten Prozesse im Gehirn beim Stresserleben fokussieren, haben Bittner und Lichtenthal (2012) die Frage nach der Ursache der Ingangsetzung dieser Prozesse im Gehirn in den Mittelpunkt ihrer Arbeit gestellt. Dabei sind sie bewusst von der Individualität eines jeden Menschen ausgegangen, da Stress stets situativ und individuell erlebt wird (▶ Kap. 3).

Enstprechend orientieren sie sich bei ihrer Stressdefinition an der Formulierung von Seyle, dass

1. »Stress ist, wenn der Körper reagiert« und
2. »Stress ist, wenn wir ihn messen können.«

Wie bereits oben erwähnt, spüren oder fühlen wir die Belastung durch Stress selten, da wir kein »Frühwarnsystem« dafür haben. Wir verfügen aber über Messgeräte und -verfahren, die zeigen können, ob wir gestresst sind oder nicht. Mit Hilfe dieser Messverfahren ist die Medizin in der Lage zu erfassen, was den jeweils einzelnen Menschen stresst und belastet, was Bittner und Lichtenthal (2013) wiederum als Schlüssel für die kausale Stressmedizin deklarieren. Anhand der Daten tausender solcher Messungen hat Bittner (2003) ein Modell konzipiert: Das Nucleus-Modell definiert dabei vier zentrale neuromentale Prozesse im Gehirn, die zu Beginn einer Belastungsreaktion stehen:

1. Die Wahrnehmung: Messbare Stressbelastungen werden ausgelöst, wenn wir in der Umwelt etwas Unangenehmes oder Negatives wahrnehmen, sehen oder hören und wenn wir über negative Themen reden und/oder diskutieren. Zum Beispiel eine Nachricht aus dem Radio, Bilder aus dem Fernsehen oder ein Gespräch mit Freunden.
2. Neuro-Assoziation: Messbare Stressbelastungen werden ausgelöst, wenn wir etwas Unangenehmes assoziieren und mit einem Reiz verbinden.
3. Bewusstes Denken: Messbare Stressbelastungen werden ausgelöst, wenn wir an etwas Negatives denken bzw. uns an etwas Ungenehmes erinnern und unsere Gedanken darum kreisen, ohne dass wir sie abstellen können. Zum Beispiel wenn wir an einen Konflikt mit unserem Chef denken.
4. Einstellungen: Messbare Stressbelastungen werden ausgelöst, wenn wir bestimmte Einstellungen aktivieren und nutzen. Zum Beispiel pessimistische, negative, perfektionistische, skeptische, problemorientierte Einstellungen.

Dieses Modell verdeutlicht die Vielzahl an Stressoren, die uns jeden Tag umgeben. Wahrscheinlich haben Sie den meisten dieser Stressoren bislang keine große Bedeutung zugemessen, aber wenn wir uns noch einmal vor Augen führen, dass diese »Mini«-Stressoren bereits messbare Stressreaktionen auslösen, dann sollten wir sie entsprechend als Risikofaktoren erkennen. Dieser Ansatz stimmt auch mit dem Stressmodell von Lazarus und Folkmann (1984) überein, dass Stress letztlich ein Resultat von vielen kleinen Altagsbelastungen ist (*daily hassles*; ▶ Kap. 2)

Typische *daily hassles*, die eine messbare Stressreaktion in unserem Körper auslösen können, sind Zeit und Anspannung unter Druck, negative Gedanken, negative Gefühle und negative Kommunikationen, die alle unspürbar den Körper schädigen können. Dabei genügt eine einzige negative Wahrnehmung, ein Gedanke oder ein Gefühl an etwas Unangenehmes, oder aber Zeit unter Anspannung und Druck, um eine Stressreaktion auszulösen (vgl. Bittner & Lichtenthal, 2011). Zudem können auch noch Persönlichkeitseigenschaften wie Neurotizismus Stressreaktionen begünstigen (▶ Kap. 4).

Diese Risikofaktoren wirken alle auf unser neuromentales System

1. in spezifischen Situationen, in denen etwas Unangenehmes passiert, und
2. auf Dauer, indem diese Situation als Erfahrung und Erinnerung abgespeichert bzw. gelernt wird (vgl. Bittner & Lichtenthal, 2011).

D. h., wir sammeln von Beginn unseres Lebens an Stressereignisse und speichern diese (Stressgedächtnis) ab. Diese Ansammlung an Stressereignissen kann in unserem Körper eine messbare Dauer- und Belastungsreaktion auslösen (Bittner & Lichtenthal, 2011).

Wie bereits erwähnt, ist ein fundamentales Problem, dass wir weder die neuromentalen Prozesse bei Stress noch die Schädigungen im Körper wahrnehmen. Es wäre in einer akuten Gefahrensituation (z. B. Schlange kreuzt unseren Weg) auch durchaus hinderlich, wenn wir Schmerz verspüren würden. Zwar sichert uns dieser unspürbare Mechanismus der Stressreaktion das Überleben (indem wir blitzschnell reagieren können), allerdings hat uns die Natur damit auch »ein Programm mitgegeben, das für uns ein Leben lang eine hohe Stressbelastung, geringere Lebensqualität und ein hohes Gesundheitsrisiko bedeutet« (Bittner & Lichtenthal, 2011, S. 377 f.). So schließen Bittner und Lichtenthal (2011) auch mit dem Fazit, dass wir nicht auf unsere Gefühle vertrauen dürfen, da sie uns nicht bei der Erkennung von Stress helfen. Unser Körper kann sich einen Großteil des Tages in einem Belastungsmodus befinden, ohne dass wir das spüren. Aber welche Symptome dienen uns dann als mögliche Warnzeichen?

19.1 Stresssymptome

The American Institute of Stress hat die 50 häufigsten Symptome von Stress aufgelistet, die sowohl physische als auch psychische Aspekte enthalten (The American Institute of Stress, www.stress.org), die unser Wohlbefinden aus dem Gleichgewicht bringen können und auf eine gefährliche chronische Stressbelastung hinweisen:

1. Häufige Kopfschmerzen, Kieferpressen oder -schmerzen
2. Zähneknirschen
3. Stottern oder stammeln
4. Zuckungen, zitternde Lippen oder Hände
5. Nackenschmerzen, Rückenschmerzen, Muskelkrämpfe
6. Leichte Benommenheit, Mattigkeit, Schwindel
7. Läutende, summende oder knallende Geräusche
8. Häufiges Erröten und Schwitzen
9. Kalte oder schwitzende Hände und Füße
10. Trockener Mund, Schluckbeschwerden
11. Häufige Erkältungen, Infektionen, Herpes
12. Hautausschläge, Juckreiz, Nesselsucht, Gänsehaut
13. Unerklärliche oder häufige Allergieattacken
14. Sodbrennen, Magenschmerzen, Übelkeit
15. Übermäßiges Aufstoßen und/oder Blähungen
16. Verstopfung, Durchfall, Kontrollverlust
17. Atemschwierigkeiten, häufiges Seufzen
18. Plötzliche (lebensbedrohliche) Panikattacken
19. Brustschmerzen, Herzrasen, hoher Puls
20. Häufiges Urinieren
21. Vermindertes sexuelles Verlangen bzw. verminderte sexuelle Aktivität
22. Übermäßige Ängstlichkeit, Besorgnis, Schuldgefühle, Nervosität
23. Vermehrte Wut, Frustration oder Feindseligkeit
24. Depression, häufige oder starke Stimmungsschwankungen
25. Vermehrter oder verminderter Appetit
26. Schlaflosigkeit, Alpträume, beunruhigende/aufwühlende Träume
27. Konzentrationsschwierigkeiten, rasende Gedanken

28. Schwierigkeiten, Neues zu lernen
29. Vergesslichkeit, Desorganisation, Verwirrtheit
30. Schwierigkeiten, Entschiedungen zu treffen
31. Sich überlastet oder überwältigt fühlen
32. Häufige Weinanfälle oder Selbstmordgedanken
33. Gefühle von Einsamkeit und Wertlosigkeit
34. Wenig Interesse am Aussehen und an Pünktlichkeit
35. Nervöse Angewohnheiten, Zappeln, Füßewippen
36. Vermehrte Frustration, Reizbarkeit, Schneidigkeit
37. Überreaktion auf kleine Ärgernisse
38. Wachsende Zahl an kleineren Unfällen
39. Obsessives oder zwanghaftes Verhalten
40. Reduzierte Arbeitseffizienz oder -produktivität
41. Lügen oder Entschuldigungen, um schwache Leistung/schlechte Arbeit zu verdecken
42. Schnelles oder genuscheltes Sprechen
43. Exzessive Verteidigung oder Misstrauen
44. Kommunikationsprobleme und Probleme, sich mitzuteilen
45. Sozialer Rückzug und Isolation
46. Kontinuierliche Müdigkeit, Schwäche, Ermüdung
47. Häufige Verwendung von rezeptfreien Medikamenten
48. Gewichtszunahme oder -verlust ohne Diät
49. Vermehrtes Rauchen, Alkohol- oder Drogenkonsum
50. Exzessives Glücksspiel oder Impulskäufe

Die Liste an Symptomen verdeutlicht, dass Stress weitreichende Effekte auf unsere Emotionen, Stimmung und unser Verhalten hat. Darüber hinaus wirkt Stress natürlich auch auf unsere Organe, körpereigenen Systeme und unser Gewebe, wie bereits in Kapitel 18 skizziert wurde. Dabei kann man allerdings selten den Anteil von Stress am Ausbruch einer Krankheit analysieren, noch von klaren Ursache-Wirkungsketten ausgehen. Stress trägt zum Entstehen von Krankheiten bei, wie umfangreich dieser Anteil ist und an welcher Stelle in unserem Körper sich dieser manifestiert, ist von Individuum zu Indiviuum unterschiedlich. Im Folgenden haben wir die häufigsten mit Stress in Verbindung stehenden Erkrankungen zusammengefasst:

1. Nervensystem: Wie bereits in Kapitel 16 ausführlich skizziert, aktiviert Stress unsere SAM-Achse bzw. HPA-Achse, was u. a. mit dem Ausstoß von Adrenalin, Noradrenalin und Cortisol einhergeht, die uns kurzfristig leistungsfähiger machen, um die Stresssituation zu bewältigen. Wird die Situation erfolgreich bewältigt, kehrt unser Körper wieder in den »Normalzustand« zurück. Wird die Situation nicht bewältigt und der Stress hält dauerhaft an, hat das – durch die dauerhaft hohen Cortisolwerte – weitreichende neurobiologische Folgen für unseren Organismus: Telomerverkürzung, Absterben von Nervenzellen und -verbindungen, Hippocampus und präfrontaler Cortex verlieren an Volumen, während die Amygdala an Volumen zunimmt, sowie die Reduktion wichtiger Neurotransmitter (Details ▸ Kap. 17).

2. Bewegungsapparat: Unter Stress spannen sich unsere Muskeln an, um besonders schnell auf die Gefahr reagieren zu können (Fight-und-Flight-Reaktion). Wenn wir häufig oder anhaltend Stress erleben, dann können die permanenten Muskelanspannungen zu Verspannungskopfschmerzen, Migräne, Rückenschmerzen oder anderen Problemen im Bewegungsapparat – wie Rheuma oder Arthritis – führen (Leino, 1989).
3. Atemwege: Stress kann die Atmung erschweren, schnelle Atmung oder Hyperventilation verursachen, die bei einigen Menschen zu Panikattacken führt. Studien haben insbesondere einen Zusammenhang zwischen Stress und Atemwegsinfektionen (vgl. Siriam & Silverman, 1998) gezeigt. Auch hat man bei einigen Asthmatikern festgestellt, dass deren erste Asthmaepisode nach großem Stress aufgetreten ist sowie Stress auch in Zusammenhang mit weiteren Asthmaanfällen zu stehen scheint. Andere Studien haben Stress auch als Indikator für weitere Atemwegserkrankungen (chronische Bronchitis, Lungenkrebs, psychogene Atemgeräusche, psychogener Husten, funktionelle Dysphonie) konstatieren können, allerdings sind hier weitere Untersuchungen zur Verfizierung notwendig (vgl. Siriam & Silverman, 1997).
4. Herz-Kreislauf-System: Emotionaler und physischer Stress haben einen negativen Einfluss auf das Herz-Kreislauf-System. Akuter Stress beschleunigt die Herzfrequenz und führt zu einer stärkeren Kontraktion des Herzmuskels. Chronischer Stress macht sich oft durch eine erhöhte Herzfrequenz, Bluthochdruck, abnormalen Herzrhythmus, erhöhten Sauerstoffbedarf, Brustschmerzen und Atemschwierigkeiten bemerkbar. Die Stresshormone (▶ Kap. 16) – wenn sie dauerhaft anhalten – haben eine schädigende Wirkung auf das Herz. Sie können einen erhöhten Sauerstoffbedarf verursachen sowie Spasmen und Entzündungen der Herzkranzgefäße, was häufig zu einem Herzinfarkt führt. Studien haben gezeigt, dass chronischer Stress mit einem Anstieg der Herzfrequenz und des Blutdrucks einhergeht, d. h., das Herz muss mehr arbeiten, um den benötigten Blutfluss zur Versorgung unserer Körperfunktionen zu produzieren. Eine langfristige Erhöhung des Blutdrucks kann ebenfalls zu Herzinfarkt, Herzversagen, abnormalem Herzrhythmus und Schlaganfall führen (Torpy, Lynm & Glass, 2007).
5. Hormonsystem: Nimmt das Gehirn Angst und Stress wahr, lösen verschiedene Hormonachsen (auch Stressachsen genannt) physiologische Stressreaktionen aus. Die beiden wichtigsten Achsen – die Sympathikus-Nebennierenmark-Achse (SNA, SAM) und die Hypothalamus-Hypophysen-Nebennierenrinden-Achse (HHNA, HPA-Achse) – dienen der Erhöhung der Leistungsbereitschaft. Ist die Stressreaktion kontrollierbar, dann wird in der Regel die SAM-Achse aktiviert und – wenn überhaupt – die HPA-Achse kurzfristig stimuliert (Hüther, 2011). Wenn der Stress anhält (nicht bewältigt werden kann), wird die HPA-Achse (etwas verzögert) aktiviert. Mit ihr einher geht eine massive und lang andauernde (neben anderen Hormonen) Cortisolausschüttung durch die Nebennierenrinde. Diese erhöht unsere Leistungsfähigkeit kurzfristig um ein Weiteres, führt langfristig aber zu gesundheitlichen Problemen (Details ▶ Kap. 17).
6. Magen-Darm: Stress kann dazu führen, dass wir plötzlich mehr oder weniger essen als sonst, oder mehr Tabak oder Alkohol konsumieren, was oft mit Sodbrennen einhergeht. Der Magen kann mit Übelkeit und/oder Brechreiz reagie-

ren. Stress führt im Darm entweder zu Verstopfung oder Durchfall. Bestimmte stressige Lebensereignisse stehen in Zusammenhang mit den häufigsten chronischen Erkrankungen des Magen-Darm-Trakts (Mayer, 2000): Reizdarmsyndrom (RDS), chronisch-enzündliche Darmerkrankung, Sodbrennen und gastroduodenale Ulkuskrankheit. Auch hier gibt es Langzeituntersuchungen, die Zusammenhänge zwischen stressreichen Erlebnissen (z. B. Missbrauch) in der Kindheit und späteren Erkrankungen des Magen-Darm-Trakts konstatiert haben. Aber auch lebensbedrohlicher Stress im Erwachsenenalter (z. B. Vergewaltigung, posttraumatische Belastungsstörungen) sind Risikofaktoren für die Entwicklung von Magen-Darm-Erkrankungen (Mayer, 2000).
7. Fortpflanzungsapparat: Große Mengen an Cortisol im Körper aufgrund einer chronischen Stressbelastung können bei Männern die Sperma- und Testosteronproduktion beeinträchtigen und zu Impotenz führen. Bei Frauen kann vermehrter Stress zu einem unregelmäßigen oder ausbleibenden Menstruationszyklus bzw. sehr starken Regelschmerzen führen. Auch das sexuelle Verlangen ist meist stark eingeschränkt. Zudem haben Studien gezeigt, dass gestresste Frauen tendenziell häufiger am prämenstruellen Syndrom (PMS) leiden, auch wenn ein stressreiches Erlebnis – wie zum Beispiel sexueller Missbrauch, was oftmals mit einer posttraumatischen Belastungsstörung einhergeht – in Kindheit und Jugend stattgefunden hat (Golding, Taylor, Menard & King, 2000; Paddison, Gise, Lebovits, Strain, Cirasole & Levine, 1990).

Da wir je unterschiedlich auf Stress reagieren, machen sich bei jedem Individuum andere Symptome bemerkbar. Die Symptome können auf Stress zurückzuführen sein bzw. auf eine Erkrankung, die durch Stress ausgelöst wurde. Ein wichtiger Hinweis können Veränderungen sein, die Sie an sich oder andere an Ihnen wahrnehmen. Wenn Sie beispielsweise immer gut schlafen, plötzlich aber mit Schlafstörungen kämpfen und dazu noch auffallend an Gewicht verloren haben, Ihnen oft übel wird und Ihre Gedanken immerzu um ein Problem kreisen, dann spricht vieles für eine chronische Stressbelastung. Bei anderen Menschen, kann sich Stress wiederum anhand ganz anderer Syptome (s. o.) äußern. Ähnlich ist es mit der Prüfungsangst, die auch als eine Spezialform von Stress verstanden werden kann (► Kap. 10.3), insofern die Prüfung als staker Stressor erlebt wird, der eine Stressreaktion auslöst.

19.2 Prüfungsangst-Symptome

Wie bereits in Kapitel 9 skizziert, handelt es sich bei Prüfungsangst um ein multidimensionales Konstrukt, das aus drei kognitiven Facetten (Besorgtheit, Interferenz und Mangel an Zuversicht) und einer physischen Komponente (Aufgeregtheit) besteht. Anhand dieser vier Dimensionen ist eine differenzierte Erfassung von Prüfungsangst und ihrem unterschiedlichen Erscheinungswesen möglich (Hodapp et al., 2011).

1. Besorgtheit (situationsbezogene Selbstzweifel über die eigene Leistungsfähigkeit und die Konsequenzen eines Versagens, situationsbezogene kognitive Verzerrungen): Besorgtheit bezieht sich vor allem auf die möglichen Konsequenzen einer Prüfung, d. h. aufgabenirrelevante Kognitionen, wie der Vergleich der eigenen Leistung mit der Leistung anderer, Zweifel an der eigenen Leistungsfähigkeit, sowie antizipierte Konsequenzen des Misserfolgs.
2. Aufgeregtheit (emotionale und körperliche Anspannung): Aufgeregtheit zeigt sich durch eine hohe körperliche Anspannung (z. B. Bauchschmerzen, schneller Puls und starkes Schwitzen, zittrige Knie/Hände, Herzrasen, beschleunigte Atmung, flauer Magen, Schwindel) in Kombination mit negativer emotionaler Erregung (Hodapp et. al., 2011; Zeidner, 2004).
3. Kognitive Interferenz (Ablenkung von der Aufgabe durch irrelevante Gedanken): Während sich Besorgtheit vor allem auf die möglichen Konsequenzen einer Prüfung bezieht, sind Interferenz (und auch Mangel an Zuversicht) auf das Meistern der Prüfungssituation an sich fokussiert (vgl. Hagtvet, Man & Sharma, 2001). Intereferenz zeigt sich durch störende Gedanken, die die aufgabenbezogene Informationsverarbeitung beeinträchtigen.
4. Mangel an Zuversicht (geringe Zuversicht, mangelnder Selbstwert): Wenn vor oder während der Prüfung Zweifel an der eigenen Bewältigungskapazität auftreten, wie zum Beispiel antizipiertes Versagen, verringerte Zuversicht oder wahrgenommener Kontrollverlust, dann liegt ein Mangel an Zuversicht vor.

Diese Symptome können einzeln aber auch in Kombination, vor, während und nach einer Prüfungssituation auftreten und sind Anzeichen von Prüfungsangst. Prüfungsangst wird sowohl von Experten als auch in der breiten Öffentlichkeit häufig verharmlost, da es sich dabei nicht um eine »anerkannte Erkrankung« handelt.

Info

 Laut DSM-IV gilt Prüfungsangst als eine Sonderform der sozialen Bewertungsangst (soziale Phobie), wird aber der ICD-10 zufolge als spezifische Phobie klassifiziert (vgl. Fehm & Fydrich, 2011).

Wenn wir uns jedoch vor Augen führen, dass starke Prüfungsangst nichts anderes als eine chronische Stressbelastung ist, dann sollte man die Verharmlosung von Prüfungsangst noch einmal überdenken. Schließlich haben wir oben ausführlich dokumentiert, welche mentalen und physischen Folgen chronischer Stress auf unseren Organismus haben kann. Dabei haben wir bislang nur bei einigen Erkrankungen auf mögliche Langzeiteffekte hingewiesen. Welche Folgen Stress und Angst in Kindheit und Jugend für die weitere Entwicklung haben, soll deswegen im nächsten Abschnitt näher thematisiert werden.

20 Stress und Angst in Kindheit und Jugend

In den letzten Jahren hat ein neuer Ansatz maßgeblich die psychologische und medizinische Forschung zu Krankheiten und psychiatrischen Störungen beeinflusst, die ihren Ursprung in der Entwicklungsphase der frühen Kindheit und der pränatalen Phase haben. Beispielsweise konnte man unter anderem Zusammenhänge zwischen der Entwicklung des Fötus und nicht übertragbaren chronischen Krankheiten (z. B. Erkrankungen des Herz-Kreislauf-Systems, Diabetes etc.) im Erwachsenenalter finden (Barker, 2004). Dieser Ansatz basiert auf frühen Studien in den 80er und 90er Jahren (Barker, 1995), die einen Zusammenhang zwischen einem niedrigen Geburtsgewicht und späteren kardiovaskulären Erkrankungen, Diabetes und dem metablischen Syndrom feststellten. Diese Befunde sind durch zahlreiche Folgestudien in verschiedenen Ländern der Welt bestätigt worden. Initiiert von diesen Ergebnissen hat sich ein neues Feld der Medizin mit dem Namen *Developmental Origins of Health and Disease* (DOHAD) etabliert. Seither konnte Forschung in diesem Feld zeigen, dass Stress im Mutterleib die Strukturen von Organen im Fötus verändert, was wiederum die Expression von regulatorischen Genen über die gesamte Lebenszeit verändert.

Info

Genexpression beschreibt die Synthese von Proteinen, d. h., wie Gene in Erscheinung treten. Die Transkriptionsprozesse sind zeitlich und räumlich strikt reguliert.

Diese Prozesse sind maßgeblich für die Anfälligkeit von Erkrankungen und psychischen Störungen im späteren Leben verantwortlich (vgl. Lewis, Galbally, Gannon & Symeonides, 2014). Man nennt diese Prozesse auch *Early Life Programming*, in dem die epigenetische Programmierung, die Zellverteilung, der Aufbau des endokrinen Systems, metabolische Aktivität und neuronale Vernetzung im Gehirn durch Timing, Art, Dosis und Dauer verschiedener Umweltbelastungen in der frühen Kindheit (die meist die ersten 1 000 Lebenstage meint [Kieling et al., 2011]) variieren.

Nathanielsz und Nathanielsz (1999) haben drei Hauptklassen pränataler Belastungen zusammengefasst:

1. Faktoren des Lebensstils (z. B. Bewegung und Ernährung der Mutter),
2. die mentale Gesundheit der Mutter (z. B. pränatale Depression, Angststörung oder Stress),

3. neurotoxische Belastungen spezifischer Gifte, die Fehlbildungen bewirken (z. B. Drogenmissbrauch, Umweltgifte und verordnete Medikamente).

Da wir in diesem Buch überwiegend an Stress, dessen Auslösern und Folgen interessiert sind, skizzieren wir im Folgenden vor allem die zweite Hauptklasse: die mentale Gesundheit der Mutter während der Schwangerschaft. Vieles weist daraufhin, dass mütterliche Depression mit einer Fehlregulation der HPA-Reaktion auf Stress (▶ Kap. 16) des Kindes einhergeht und somit das Risiko für zukünftige stressbedingte Erkrankungen (▶ Kap. 17) erhöht (Lewis, Galbally, Gannon & Symeonides, 2014). Da pränatale und postnatale Depressionen unter dem Begriff perinatale Depression erforscht und behandelt werden, ist es teilweise schwierig, differenzierte Effekte aus Studien allein zur pränatalen oder postnatalen Phase abzulesen. Man weiß aber, dass ungefähr 50 % der Mütter, die unter postnataler Depression leiden, auch Depressionen während der Schwangerschaft gehabt haben (Gotlib, Whiffen, Mount, Milne & Cordy, 1989; O'Hara & Swain, 1996). Da postnatale Depressionen die Sensibilität einer Mutter für die Interaktion mit ihrem Kind verringern, zeigt das Kind eine verminderte Stressregulation, instabile Bindung und weist eine höhere Wahrscheinlichkeit für eine vermeidende und desorganisierte Bindung (im Sinne der Bindungstheorie) auf (McCauley et al., 1997). Unter amderem hat man herausgefunden, dass Kinder von Müttern mit Depressionen in der postnatalen Phase ein erhöhtes Cortisollevel während der Adoleszenz (Murray, Halligan, Goodyer & Herbert, 2010), ein größeres Amygdalavolumen und erhöhte Cortisolwerte aufweisen, mehr emotionale Probleme in der Kindheit (Bagner, Pettit, Lewinsohn & Seeley, 2010) sowie mehr depressive Symptome in Kindheit und Jugend zeigen (Bureau, Easterbrooks & Lyons-Ruth, 2009). Darüber hinaus weisen Kinder von depressiven Müttern stärkeren negativen Affekt sowie geringere Sensibilität auf (Dawson, Klinger, Panagiotides, Hill & Spieke, 1992; Tronick, 1989). Diese Befunde können einerseits auf die genetische Vorbelastung (nature) im Kind durch die Mutter hinweisen, andererseits aber auch auf den Umgang einer depressiven Mutter mit ihrem Kind (nurture).

Darüber hinaus hat man festgestellt, dass Kinder von Müttern mit pränatalem Stress eher Symptome von ADHS zeigen (Van den Bergh & Marcoen, 2004) sowie eine verminderte kognitive Leistung und eine verzögerte Sprachentwicklung (Bergman, Sarkar, Glover & O'Connor, 2010). Zudem haben Studien gezeigt, dass Stressoren im Leben der Mutter während der Schwangerschaft die Cortisolwerte und das *reactive temperament* (d. h., Babys sind beispielsweise ängstlich und angespannt in neuen Situationen) der Kleinkinder vorhersagen (Lewis & Olsson, 2011; Kaplan, Evans & Monk, 2008; O'Connor, Heron, Golding, Beveridge & Glover, 2002) sowie eine Dysregulation der HPA-Achse und depressive Symptome während der Adoleszenz (van den Bergh, van Calster, Smits, van Huffel & Lagae, 2008) und andere mentale Störungen (Lewis, Galbally, Gannon & Symeonides, 2014). Auch sind Kinder von Müttern, die während der Schwangerschaft starken Stress erlebt haben, eher gefährdet, Verhaltensprobleme zwischen dem zweiten und fünften Lebensjahr sowie emotionale Probleme im fünften Lebensjahr zu entwickeln (Robinson et al., 2008).

Das Kind erlebt aber auch Stress unabhängig von der Mutter, der nicht immer schädlich sein muss – ganz im Gegenteil. Leichter Stress hilft den Kindern, bestimmte Fähigkeiten zu entwickeln, gefährliche und furchterregende Situationen richtig einzuschätzen und zu bewältigen (Middlebrooks & Audage, 2008). Hält Stress jedoch länger an oder ist in seiner Ausprägung sehr stark, so kann dieser die Gesundheit des Kindes schwerwiegend beeinträchtigen (Mindes & Jewett, 1997), insofern chronischer Stress entsteht, der zu einer Vielzahl an physiologischen Veränderungen führt (Middlebrooks & Audage, 2008). Insbesondere der Einfluss von Stress auf neurobiologische Faktoren und den Cortisolgehalt zieht weitreichende Folgen nach sich (Poulsen & Finello, 2011). So konnten Studien zeigen, dass chronischer Stress das Stressbewältigungssystem (▶ Kap. 17) nachhaltig verändert, so dass Kinder noch sensibler auf eine größere Anzahl an Stressoren reagieren (National Scientific Council on the Developing Child, 2005). Jeder Stressor kann zudem – teils irreversibel – auf die Entwicklung und Vernetzung wichtiger Nervenzellen im Gehirn einwirken, dessen Architektur maßgeblich in Kindheit und Jugend aufgebaut wird (Gee & Casey, 2015; Hanson et al., 2012) (▶ Abb. 5).

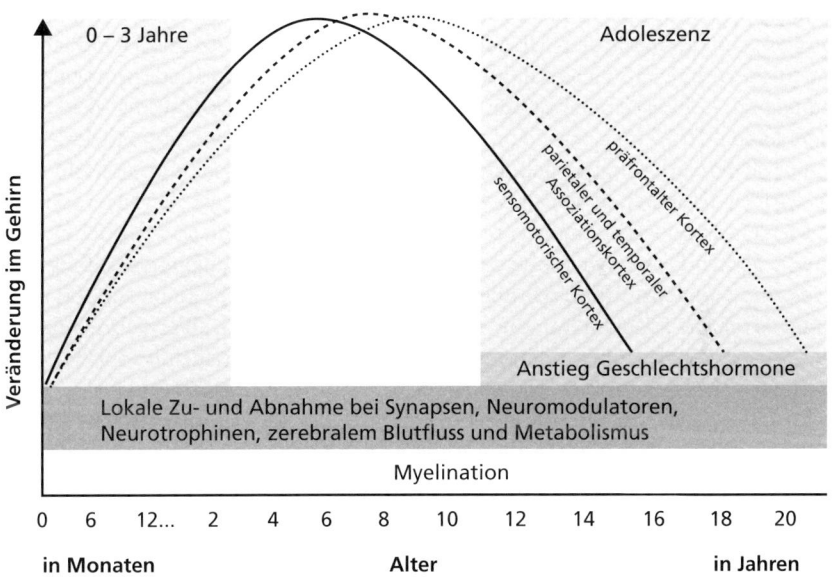

Abb. 5: Modell der sensiblen Phasen während der Gehirnentwicklung (nach Gee & Casey, 2015, S. 185). Die grau schattierten Flächen signalisieren schnelle und wesentliche Veränderungen im Gehirn. Die ersten drei Lebensjahre und die Adoleszenz bieten somit eine wichtige Gelegenheit für adaptive Verhaltensänderungen. Während dieser Phasen ist das Gehirn gegenüber Stress am anfälligsten.

So zeigen Studien auch, dass Kinder, die schlimmen oder andauernden Missbrauch (hinweis auf starken Stressor) erlebt haben, kleinere Gehirne und Gedächtnisschwierigkeiten haben (Middlebrooks & Audage, 2008; Hanson et al., 2012; National Scientific Council on the Developing Child, 2005). Wenn Kinder zu einem frühen Zeitpunkt in ihrem Leben einen andauernd erhöhten Cortisolspiegel durch chronischen Stress aufweisen, können die daraus resultierenden Schäden im Hippocampus (Huang, 2014; ▶ Kap. 17) ein Individuum lebenslang beeinträchtigen (Huang, 2014; Gunnar & Barr, 1998). Studien haben gezeigt, dass junge Kinder mit erhöhten Cortisolwerten Probleme mit der physischen, sozialen, mentalen und motorischen Entwicklung haben, insbesondere mit der Aufmerksamkeitsspanne und Selbstregulation (Gunnar & Barr, 1998). Stehen junge Kinder unter Dauerstress, dann wird die Stressaktivierung im Körper zum »Normalzustand«, was mit einer andauernden Überaktivierung des Hirnstamms einhergeht. Die Folgen sind eine erhöhte Herzfrequenz, erhöhter Blutdruck, permanenter Erregungszustand, veränderte biochemische Prozesse im Gehirn, die zu Hyperaktivität und Angststörungen führen können (Poulsen & Finello, 2011).

Auslöser von Stress in früher Kindheit können sowohl internal (z. B. Hunger, Schmerz, Krankheit, Müdigkeit, Schüchternheit, Geschlecht, Alter, Emotionen, intellektuelle Kapazität) als auch external (z. B. Trennung von der Familie, Missbrauch, Scheidung der Eltern, neues Zuhause, Tod einer geliebten Person, negative Disziplinierungsmaßnahmen der Erwachsenen, Armut, Naturkatastrophen, Konflikte) sein (Mindes & Jewett, 1997; Wertlieb, Weigel & Feldstein, 1987). Studien zufolge sind die häufigsten Ursachen oder Auslöser von Stress in Kindheit und Jugend zerrüttete Familienverhältnisse (Trennung/Scheidung), Patchworkfamilien, Mangel an Aufmerksameit durch eingespannte Eltern, die nur wenig Zeit für ihr Kind haben, Trennung von den Eltern, (physischer, mentaler, sexueller) Missbrauch, Überforderung, Druck, zu Hause und in der Schule etwas zu leisten, was die eigenen Fähigkeiten übersteigt, emotionale und physische Vernachlässigung, Kennenlernen neuer Menschen, Schulwechsel, Schwierigkeiten in der Schule, Tod einer geliebten Person, Krankheiten, schikaniert werden (Bullying, Mobbing) (vgl. (Breivik & Olweus, 2006; Middlebrooks & Audage, 2008; Tennant, 2005; National Scientific Council on the Developing Child, 2005; Wertlieb, Weigel & Feldstein, 1987). Darüber hinaus sind insbesondere die schädigenden Einflüsse von elterlichem Drogenmissbrauch, mütterliche Depression, posttraumatische Stressbelastung und Psychosen auf die Entwicklung des Kindes bekannt (Mindes & Jewett, 1997; Schechter et al., 2011; Schechter & Willheim, 2009). Das Kind kann mit einer gewissen Zahl an Stressoren lernen gut umzugehen, insbesondere wenn es dabei sozial unterstützt wird durch seine Eltern, ältere Geschwister, die Großeltern etc. Mit Hilfe der sozialen Unterstützung lernt das Kind Stresssituationen erfolgreich zu bewältigen – seien es nun positive (z. B. erster Kindergartentag, neue Freundschaften schließen) oder negative Stressoren (z. B. Blutabnehmen beim Arzt). Selbst gravierende Stressoren (z. B. Verlust eines geliebten Menschen, Unfälle, zerrüttete Familienverhältnisse) können Kinder mittels sozialer Unterstützung erfolgreich bewältigen. Wenn die Stressoren aber überhandnehmen oder in ihrer Intensität als überaus bedrohlich erlebt werden (z. B. Gewalt, Missbrauch, Vernachlässigung, Not) bzw. das Kind keine soziale Unterstüzung bei der Bewältigung der Stressituation erfährt, sind das Kind und seine gesunde Entwicklung stark gefährdet (Middlebrooks & Audage, 2008; Center on the Developing Child at Harvard University, 2016; Fagundes & Way, 2014). Mit anderen Worten, Kinder sind sehr stark auf die Hilfe ihrer Eltern oder von anderen unterstützenden Erwachsenen angewiesen, um die erfolgreiche Bewältigung von Stress und verschiedene Copingstrategien zu erlernen (Middlebrooks & Audage, 2008). Aber woran erkennt man, dass Kinder unter gefährlichem/chronischem Stress leiden? Im folgenden Kapitel möchten wir dieser Frage nachgehen.

20.1 Symptome von Stress in der Kindheit

Auf körperlicher Ebene zeigt sich Stress durch eine vermehrte Anfälligkeit für Infektionen, Herz-Kreislauf-Probleme (Berntson, Sarter & Cacioppo, 2002; Lovallo, 2005; Sausen, Lovallo, Pincomb & Wilson, 1992) wie Bluthochdruck, Adipositas, langsamere Wundheilung, Virenerkrankungen (z. B. Herpes) und Magen-Darm-Probleme (Middlebrooks & Audage, 2008). Stress gilt auch als Risikofaktor für Neurodermitis (Zorumski, Paul, Izumi, Covey & Mennerick, 2013) und kann zudem Wachstum (Sävendahl, 2012), Entwicklung und damit auch das Einsetzen der Pubertät (Ellis, Shirtcliff, Boyce, Deardorff & Essex, 2011) beeinträchtigen. Oftmals äußert sich Stress bei Kindern und Jugendlichen auch durch Hautprobleme (Ekzeme, Akne), Haarausfall, Asthma, Schlafstörungen, regelmäßige Kopfschmerzen, Muskelschmerzen, Übergeben, Verstopfung oder Durchfall. Auch extreme Müdigkeit, Herzrasen, häufiges Kranksein, feuchte Hände und Füße können Anzeichen von chronischem Stress bei Kindern sein (American Psychological Association, 2014). Auf emotionaler Ebene äußert sich chronischer Stress meist durch folgende Probleme: Kinder werden depressiv, antriebslos und unmotiviert (American Psychological Association, 2014), oder tendieren plötzlich zu Gewalt, Agression und Ungehorsam (American Psychological Association, 2014). Persönlichkeitsstörungen und/oder posttraumatische Belastungsstörungen können nach hohem erlebten Stress (Trauma) auftreten (vgl. Powers, Thomas, Ressler & Bradley, 2011). Stimmunsschwankungen, Persönlichkeitsveränderungen, erhöhte Reizbarkeit oder Aggression sind weitere Symptome für erhöhte Stresslevel bei Kindern. Hinzu kommen Frustration, Schuldgefühle, Verwirrung, sozialer Rückzug, Isolation von Freunden und Familie. Gestresste Kinder können Depression, Angststörungen und niedriges Selbstvertrauen entwickeln (Schechter et al., 2007; Schechter & Willheim 2009). Kinder, die unter Stress leiden und Angststörungen entwickeln, zeigen neue Ängste, haben vermehrt Alpträume, teilweise sogar Paranoia (Hanson et al., 2014). Auf sozialer Ebene tendieren Kinder unter extremen Stress dazu, sich von ihren Freunden und von ihrer Familie zurückzuziehen. Sie verbingen mehr Zeit mit sich alleine, sind dabei aber oft unmotiviert. Gleichzeitig beginnen sie Schwierigkeiten in der Schule zu zeigen. Sie haben zudem Aufmerksamkeitsschwierigkeiten und die Tendenz, mit Wut und Reizbarkeit gegenüber anderen zu agieren (Middlebrooks & Audage, 2008). Auf der Verhaltensebene entwickeln Kinder unter hohem Stress eher Auffälligkeiten (Wertlieb, Weigel & Feldstein, 1987) und neue Angewohnheiten wie zum Beispiel Daumenlutschen, Bettnässen, Fingernägelkauen, Hautritzen oder Zähneknirschen. Auch das Essverhalten kann beeinträchtigt sein. Zudem sind sie unfallanfälliger, weinen häufiger, stottern und sind eher in Streitigkeiten verwickelt (Novella, 2009).

Stress ist aber nicht nur in der frühen Kindheit, sondern auch im weiteren Verlauf von mittlerer sowie später Kindheit und insbesondere in der Adoleszenz bedeutend, da diese (wie die ersten 3 Lebensjahre) eine entscheidende Entwicklungsphase der neuronalen Architektur des Gehirns darstellt (▶ Abb. 3). Wie bereits oben kurz skizziert (▶ Kap. 17), sind die emotionalen Reaktionen Jugendlicher – im Vergleich zu Erwachsenen – tendenziell intensiver, facettenreicher und extremer (Arnett, 1999; Buchanan, Eccles & Becker, 1992; vgl. Pöhland & Raufelder, 2014). Aus neurobiologischer Sicht könnte das am generell schon geringeren Einfluss des frontalen Cortex und der gesteigerten Aktivität im limbischen System (inkl. Amygdala) während der Adoleszenz liegen (vgl. Somerville, Fani & McClure-Tone, 2011; Pöhland & Raufelder, 2014). Wenn Jugendliche in dieser sensiblen Phase der Adoleszenz zusätzlich Angst und Stress erleben, wird die Aktivität in der Amygdala zusätzlich gesteigert, die im präfrontalen Cortex und Hippocampus zusätzlich verringert. Mit anderen Worten, Stress und Angst sind in der Adoleszenz für die meisten Jugendlichen »doppelt« schlimm, insofern der chronische Stress sie noch emotionaler macht – bei gleichzeitiger Einschränkung der Kognition. Jugendliche verbringen einen Großteil ihrer Zeit in der Schule und bei wachsenden Anforderungen durch Wettbewerb und Leistungsdruck ist es nicht verwunderlich, dass die Schule als einer der stärksten Stressoren von Kindern und Jugendlichen empfunden wird (Bergmüller, 2007; Crystal et al., 1994; Phelps & Jarvis, 1994). Im folgenden Kapitel möchten wir auf den Stressor Schule näher eingehen.

21 Stress, Schule und Prüfungsangst

Einer Studie des Deutschen Kinderschutzbundes von 2011 zufolge berichtet bereits ein Drittel aller Grundschüler ein erhöhtes Level an Stress in Verbindung mit Schule (Deutscher Kinderschutzbund, 2012). Dieses Stresserleben nimmt mit Beginn der Adoleszenz stetig zu, wenn die schulischen Anforderungen wachsen und die Jugendlichen sich gleichzeitig den Herausforderungen der internalen und externalen Veränderungen stellen müssen, die mit der Adoleszenz einhergehen. So konnte eine Untersuchung zeigen, dass sich bereits 76 % der befragten Jugendlichen durch Leistungsanforderungen gestresst fühlen. Davon gaben 37 % der Jugendlichen eine chronische Belastung durch die Leistungsanforderungen an (Bergmüller, 2007; vgl. Oertel, 2010). Mit anderen Worten, Stress ist zu einem gängigen Problem im täglichen Leben von Schülern und Jugendlichen geworden (American Psychological Association, 2010), insofern Leistungsdruck und Wettbewerb die Schule und den Arbeitsplatz in der sogenannten »Leistungs- oder Wissensgesellschaft« zunehmend dominieren (Beehr & McGrath, 1992; Fend, 2000). Hohe Stresslevel stehen in Verbindung mit Problemen mit Lehrkräften und der Zeit, die sie zu Hause für die Schule aufwenden müssen (Brown, Nobiling, Teufel & Birch, 2011; Murberg & Bru, 2007). Darüber hinaus haben auch die Familie und die Peer-Gruppe einen Einfluss auf Stress- und Angstempfinden, insofern von den Eltern häufig Druck erlebt wird, in der Schule gut zu sein, und die Peers oft als Wettbewerbsgegner bzw. Konkurrenten wahrgenommen werden (Griffiths, Sharkey & Furlong, 2009; Mates & Allison, 1992; Osterman, 2000; Roeser, Midgley & Urdan, 1996).

Studien haben gezeigt, dass die Wahrnehmung von verschiedenen schulischen Stressoren in Zusammenhang mit der Entwicklung von sogenannten »subjektiven Gesundheitsbeschwerden« steht (»subjective health complaints« oder »psychosomatic complaints/symptoms«) (Diepenmaat, van der Wal, de Vet & Hirasing, 2006; Gerber & Pühse, 2008; Hjern, Alfven & Östberg, 2008; Murberg & Bru, 2004; Sundblad, Jansson, Saartok, Renström & Engström, 2008).

Info

Der Begriff »subjektive Gesundheitsbeschwerden« (engl. »subjective health complaints« oder »psychosomatic complaints/symptoms«) beschreibt wahrgenommene somatische oder psychologische Symptome, die auf Selbsteinschätzung beruhen, ohne dass die Krankheitsursache medizinisch feststellbar ist (Haugland & Wold, 2001). Subjektive Gesundheitsbeschwerden umfassen gängige somatische Beschwerden wie Kopfschmerzen,

> Bauchschmerzen, Mageschmerzen, Rückenschmerzen sowie psychologische Beschwerden wie Nervosität, Niedergeschlagenheit, Reizbarkeit und Schlafprobleme (Eriksen & Ursin, 2004; Haugland & Wold, 2001).

Bereits eine große Anzahl an Jugendlichen berichtet jede Woche Gesundheitsbeschwerden (Torsheim et al., 2006). Diese Beschwerden nehmen zwischen dem 11. und 15. Lebensjahr zu (Torsheim et al., 2006), wobei Mädchen tendenziell häufiger über starke Gesundheitsbeschwerden klagen als Jungen (Hjern, Alfven & Östberg, 2008; Torsheim et al., 2006; Moksnes, 2011). Für Eltern bedeutet das häufige Kranksein bzw. die regelmäßigen gesundheitlichen Beschwerden ein wichtiges Anzeichen einer Stressbelastung ihres Kindes. Häufige Bauchschmerzen und Kopfschmerzen, die in einer bestimmten Situation zunehmen (z. B. vor wichtigen Klassenarbeiten mit Hinweis auf Prüfungsangst) sollten Eltern sensibel dafür machen, dass ihr Kind möglicherweise durch zu viel schulischen Stress gefährdet ist. Darüber hinaus gilt Stress im Jugendalter auch als Risikofaktor von Substanzmissbrauch (Cohen, Schwartz, Bromet & Parkinson, 1991; Holahan, Moos, Holahan, Cronkite & Randall, 2001; Ng & Jeffery, 2003). Einige Studien konnten zudem zeigen, dass chronischer Stress – ebenso wie Prüfungsangst (▶ Kap. 18) – sich negativ auf schulische Leistung auswirkt (Kaplan, Liu & Kaplan, 2005; Liu & Lu, 2010) und in Zusammenhang mit schulischer Entfremdung (Natvig, Albrektsen, Anderssen & Qvarnstrom, 1999) sowie emotionalen und behavioralen Anpassungsproblemen steht (Kenny, Gallagher, Alvarez-Salvat & Silsby, 2002; Windle & Windle, 1996).

Zusammenfassend lässt sich sagen, dass starker Stress, wie zum Beispiel überdurchschnittliche Prüfungsangst, Kinder und Jugendliche beim Lernen einschränkt, da Stress auf neurobiologischer Ebene wichtige Lern- und Gedächtniszentren im Gehirn blockiert (langfristig sogar schädigen kann) und gleichzeitig die Aktivierung der Amygdala als Angstzentrum begünstigt. Zudem kann Stress – wie oben skizziert – auf der Verhaltensebene zahlreiche Probleme und auf der körperlichen Ebene verschiedene Krankheiten mit sich bringen, die Kinder und Jugendliche in ihrer gesunden Entwicklung maßgeblich beeinträchtigen.

Wenn wir uns die Effekte von perinatalem Stress auf das sich entwickelnde Kind in Erinnerung rufen (▶ Kap. 20), stellt sich abschließend die Frage nach den Einflussgrößen der genetischen Vorbelastung und des stressbelasteten Umgangs in der Familie, d. h., dem Henne-und-Ei-Problem bzw. der Nature-und-Nurture-Debatte: Wie in Kapitel 9 skizziert, geht man davon aus, dass Prüfungsangst eine relativ stabile Persönlichkeitseigenschaft (Lang & Lang, 2010) darstellt und eine Form des Persönlichkeitsmerkmals Neurotizismus ist (Chamorro-Premuzic, Ahmetoglu & Furnham, 2008; Fitch, 2004). Neurotizismus beschreibt die Tendenz zu schwacher emotionaler Anpassung, in Form von hohen Stresswerten, genereller Ängstlichkeit, Depression, Besorgnis und Wut (Gomez, 2012; Judge & Ilies, 2002; McCrae, 1990). In diesem Sinne haben Murberg und Bru (2007) einen starken Zusammenhang zwischen Neurotizismus und Stress bei Sekundarschülern gefunden. Mit anderen Worten, je stärker Neurotizismus als Persönlichkeitsmerkmal ausgeprägt ist, desto eher wird die Umgebung als stressig wahrgenommen und desto anfälliger ist derjenige für Stress (Ebstrup, Eplov, Pisinger & Jørgensen, 2011; McCrae, 1990; Szabó, 2011; Uliaszek et al., 2010) und desto schwächer sind die Coping-Strategien ausgeprägt (Frydenberg, 2002) (▶ Kap. 11). D. h. aber auch, je mehr Stress man erlebt, desto eher manifestiert sich das Persönlichkeitsmerkmal Neurotizismus durch die immer wiederkehrende Erfahrung von Stress. Stellt sich nun also die Frage, was zuerst da war: Stress oder Persönlichkeit? Bedenkt man, dass bereits mütterlicher Stress den Embryo in seiner Entwicklung beeinflusst, dass die Effekte noch Jahre danach nachzuweisen sind, dann liegt zumindest auch die Vermutung nahe, dass pränataler Stress die Persönlichkeitsentwicklung des Kindes mit prägt. Sicherlich mag es genetische Prädispositionen geben, aber – wie die Ausführungen deutlich gemacht haben – sind die Umwelteinflüsse (z. B. Stress) mindestens genauso bedeutend. Wir werden diese Frage in diesem Buch nicht beantworten können, aber wir können im letzten Kapitel zumindest auf einige Möglichkeiten zur Prävention und Intervention von Stress und Prüfungsangst aufmerksam machen – damit chronischer Stress nicht unser Leben dominiert und uns krank macht, unabhängig von der Tatsache, ob eine neurotizistische Prädisposition vorliegt, ob in der frühen Kindheit erhöhter Stress erlebt wurde und ob unser Orgamismus von chronischem Stress bereits in Mitleidenschaft gezogen wurde.

Prävention und Intervention – der erfolgreiche Umgang mit Stress und Prüfungsangst

22 Individueller Umgang mit Stress und Prüfungsangst. Wie kann ich mir selbst helfen?

Der erste Schritt mit Stressoren erfolgreich umzugehen, ist die Erkenntnis, dass wir chronisch gestresst sind, dass wir in einer Sackgasse festsitzen, dass unsere »Alarm- und Signalglocken« im Körper läuten und Bedarf zum Handeln besteht, wenn wir aus dieser Sackgasse kommen wollen (Hüther, 2011; ▶ Kap. 16). Anzeichen für chronischen Stress sind z. B. geringe Energiereserven, die bereits zu ersten stressbedingten Erkrankungen geführt haben (▶ Kap. 16), oder das Gefühl, verzweifelt zu sein.

Im zweiten Schritt folgt dem Erkennen das Handeln. Wollen wir die Stresssituation auflösen, die sich durch unser bewährtes Handlungsrepertoire nicht auflösen lässt (das haben wir nämlich über Wochen und Monate hin versucht), dann müssen wir alternative, neue Ansätze zur Stressbewältigung finden. Die Anwendung alternativer Handlungsansätze benötigt jedoch Zeit, da – um in Hüthers Worten zu sprechen – ein nie benutzter Feldweg nicht über Nacht zur 6-spurigen Autobahn wird. Doch welchen Feldweg gehen wir? Bildlich gesprochen stehen wir an einer Wegkreuzung, an der zahlreiche Wege abgehen. Einige dieser Wege wollen wir uns im Folgenden etwas genauer betrachten.

22.1 Der Weg der Ernährung

Wie bereits in Kapitel 16 skizziert, greifen freie Radikale die Neuronen im Gedächtniszentrum an und durchlöchern deren Zellmembran (Alekseenko, Kolos, Waseem & Fedorovich, 2009). Da chronischer Stress häufig mit Schlafmangel, zu viel Alkohol- oder Zigarettenkonsum sowie ungesunder Ernährung (Adeniyi, 2015; Azagba & Sharaf, 2011; Han, Kim & Shim, 2012) einhergeht, was wiederum die Produktion freier Radikale begünstigt, können wir durch eine bewusste Ernährung diesem zerstörerischen Prozess vorbeugen bzw. gegensteuern. Lebensmittel mit einer hohen antioxidantischen Wirkung können die Produktion freier Radikale hindern. Dazu zählen unter anderem Obst (insbesondere Granatäpfel, Beeren, Zitrusfrüchte, Tropenfrüchte, getrocknete Pflaumen), Gemüse (insbesondere Rüben, alle Kohlarten, Blattgemüse, Wurzelgemüse, Kürbis und Kürbiskerne), Gräser (Weizengras, Dinkelgras, Gerstengras), frische Kräuter (z. B. Minze, Basilikum, Rosmarin, Petersilie), Gewürze (insbesondere Zimt, Ingwer, Kurkuma, Süßholz), Wildkräuter und Wildpflanzen sowie ihre Blüten (Löwenzahn, Brennnesseln, Giersch, Malvenblüten), dunkle Schokolade und grüner Tee. Antioxidantische Lebensmittel steigern zudem unsere kognitiven Fuktionen (Takeda et al., 2004), die durch chronischen Stress ebenfalls in Mitleidenschaft gezogen werden (▶ Kap. 19).

Darüber hinaus gibt es Studien, die die Wirkung von sogenannten adaptogenen Heilpflanzen (engl. adaptogenic herbal remedy) auf Stressempfinden untersucht haben. Als Adaptogene bezeichnet man natürliche Heilpflanzen und -pilze, die den Körper auf chemischer, zellulärer und systemischer Ebene in der Aufrechterhaltung seines harmonischen Gleichgewichts (Homöostase) unterstützen. Ayurvedischen Texten, Tierstudien und klinischen Untersuchungen zufolge (vgl. Chandrasekhar, Kapoor & Anishetty, 2012) dienen sie nicht nur der Reduzierung von Stress, sondern verringern die negativen Auswirkungen belastender Umwelteinflüsse, helfen bei der Regulierung von Körperfunktionen und Stoffwechselprozessen, stärken das Immunsystem und unterstützen die Selbstheilungskräfte. Adaptogene Heilpflanzen helfen dem Organismus bei der Anpassung und Bewältigung belastender Situationen und verringern deren schädliche Folgen auf unsere Gesundheit und sind dabei selbst nicht schädlich. Die bekanntesten Adaptogene sind (koreanischer, chinesischer, kanadischer) Ginseng, Ashwagandha (Schlafbeere), Rhodiola rosea (Rosenwurz), Jiaogulan, Shisandra, sibirischer Ginseng, Reishi (Vitalpilz), Cordyceps (Vitalpilz) und Mariendistel (Sillymarin). In einer entsprechenden Studie (Chandrasekhar, Kapoor & Anishetty, 2012) wurde die Sicherheit und Effizienz einer hohen Kozentration der Ashwagandha-Wurzel (Schlafbeere) in Hinblick auf Stress- und Angstreduzierung sowie die Verbesserung des generellen Wohlbefindens bei Erwachsenen untersucht, die unter chronischem Stress standen. Die Teilnehmer mussten zweimal am Tag eine Kapsel hochdosiertes Ashwagandha über einen Zeitraum von 60 Tagen einnehmen, wohingegen die Kontrollgruppe ein Placebo einnahm. An Tag 15, Tag 30 und Tag 45 wurden alle Teilnehmer telefonisch kontaktiert, um mögliche Nebenwirkungen zu erfragen. Keine der Teilnehmerinnen und keiner der Teilnehmer berichteten irgendwelche Nebenwirkungen. Die Ergebnisse der Untersuchung zeigten, dass die Teilnehmer, die Ashwagandha einnahmen an Tag 60 eine hoch signifikante Abnahme auf allen gemessenen Stressaspekten hatten im Vergleich zur Kontrollgruppe. Darüber hinaus hatte die Ashwagandha-Gruppe signifikant reduzierte Cortisolwerte und berichtete keinerlei Nebenwirkungen. Mit anderen Worten, hochkonzentriertes Ashwaganda ist ein sicheres und effektives Mittel zur Stressreduktion bei gleichzeitiger Verbesserung der Lebensqualität (vgl. Chandrasekhar, Kapoor & Anishetty, 2012). Tierstudien, die den Wirkstoff »Withanolide A« (WL-A) aus Ashwagandah extrahiert haben, konnten zudem zeigen, dass dieser Stoff in der Lage ist sowohl zerstörte Neuronen wiederaufzubauen als auch die neuronalen Ursachen von Gedächtnisstörungen zu beseitigen (vgl. Kuboyama, Tohda & Komatsu, 2005).

22.2 Der Weg der Bewegung

Da Cortisol bei chronischem Stress das Protein mit Namen brain-derived neurotrophic factor (BDNF) blockiert bzw. die Produktion dieses Proteins vermindert

(Issa Wilson, Terry & Pillai, 2010), das unsere Nervenzellen versorgt und unseren Organismus in die Lage versetzt, neue Neuronen und Synapsen zu entwickeln, sowie negative Effekte von Stress auf das Gehirn kompensiert (Berchtold, Castello & Cotman, 2010) (▶ Kap. 17), gilt es, die Produktion dieses Proteins zu schützen bzw. zu unterstützen. Studien haben gezeigt, dass Bewegung die BDNF-Produktion begünstigt (Szuhany, Bugatti & Ottoa, 2015; Zoladz & Pilc, 2010), wobei diese Effekte, einer Meta-Analyse (= Zusammenfassung und Auswertung von Primäruntersuchungen) zufolge, bei Männern stärker sind als bei Frauen (Szuhany, Bugatti & Ottoa, 2015). Bereits leichte Bewegungsformen wie Walking oder Schwimmen zeigen Wirkung. Auch Aktivitäten, die das Gleichgewicht von Körper und Geist fokussieren (Yoga, Tai Chi, Qi Gong), sind BDNF-föderlich und tragen dadurch zur Reduzierung und Vorbeugung von Stress bei.

22.3 Der Weg der inneren Einkehr

Da Stress vor allem auf der individuellen Wahrnehmung beruht, insofern wir mit unserer Wahrnehmung Situationen als stressig bewerten, können Techniken der inneren Einkehr, wie zum Beispiel Meditation, helfen, unsere Wahrnehmung zu verändern, und damit auf unsere Stressreaktion Einfluss nehmen. In den letzten Jahren hat man deswegen auch vermehrt den Einfluss von bestimmten Meditationsformen auf die körperlichen Stressreaktionen untersucht. Die meisten Befunde basieren auf Studien zur transzendentalen Meditation (TM), bei der ein Mantra zweimal täglich für etwa 15 bis 20 Minuten in sitzender Haltung bei geschlossenen Augen rezitiert wird. Die Studien haben gezeigt, dass – neben vielen anderen gesundheitsförderlichen Körperreaktionen – TM den Blutdruck senkt, die Herzrate verbessert, den basalen Cortisolwert verringert (vgl. Epel, Daubenmier, Moskowitz, Folkman & Blackburn, 2009). Gleichzeitig gibt es Anlass zur Vermutung, dass Meditation sogar positiven Einfluss auf die Telomerenlänge hat (▶ Kap. 17), insofern kognitiver Stress und Stresserregung reduziert werden, bei gleichzeitigem Anstieg des positiven Gemütszustandes und hormoneller Faktoren, die die Erhaltung der Telomerenlänge begünstigen (Epel, Daubenmier, Moskowitz, Folkman & Blackburn, 2009). In diesem Zusammenhang wird vor allem achtsamkeitsbasierte Stressbewältigung (engl. Mindfulness-Based Stress Reduction [MBSR]) untersucht, indem mittels achtsamkeitsbasierten Wahrnehmungsübungen Schritt für Schritt (in der Regel in einem 8-Wochen-Programm) die Fähigkeit zur Körper- und Selbstwahrnehmung geschult wird. Man erforscht und erlernt, wie sich Körper, Gedanken und Gefühle gegenseitig beeinflussen und schädigende oft automatische Stressreaktionen unterbrochen und verändert werden können. Dabei bilden formale Übungen – wie der Body-Scan, Yoga, die Sitz- und die Gehmeditation – wichtige Grundlagen. Eine Studie bei Frauen mit Brustkrebs hat gezeigt, dass diese eine erhöhte Telomerenaktivität nach Teilnahme an einem MBSR-Pogramm hatten im Vergleich zur Kontrollgruppe (Lengacher et al., 2014). Zudem hat man festgestellt, dass die Teilnahme an einem Achtsamkeits-Meditationskurs zu einer Zunahme der Dichte grauer Substanz im linken Hippocampus führt (Hölzel et al., 2011). Darüber hinaus war ein Zuwachs in der hinteren Parietalrinde, im temporoparietalen Übergang und im Kleinhirn zu verzeichnen, also in Hirnregionen, die maßgeblich an Lern- und Gedächtnisprozessen, Emotionsregulation, selbst-referenziellen Prozessen und Perspektivenübernahme beteiligt sind (Hölzel et al., 2011) und die auch bei der Stressprävention und -regulation helfen können. Zukünftige Studien werden näheren Aufschluss über die Effekte von MBSR-Programmen auf unsere Gesundheit und unser Wohlbefinden geben.

22.4 Der Weg des Gleichgewichts

Auch sogenannte Mind-body-Entspannungstechniken wie Selbst-Hypnose, Biofeedback oder Autogenes Training können zur Stressprävention, -regulation und -intervention beitragen.

22.4.1 Biofeedback

Biofeedback ist ein Verfahren der Verhaltensmedizin, mit dessen Hilfe normalerweise unbewusst ablaufende psychophysiologische Prozesse durch Rückmeldung (feedback) – mittels verschiedener technischer Geräte – wahrnehmbar gemacht werden. Die Biofeedback-Forschung hat gezeigt, dass autonom innervierte (gesteuerte) Körpervorgänge (z. B. Herzrate, Schweißdrüsenaktivität, Blutdruck, Arteriendurchmesser, vom autonomen Nervensystem versorgte Muskulatur, Hirnströme) nicht wirklich autonom sind, sondern durch Lernprozesse mittels Biofeedback beeinflusst werden können. Damit ist Biofeedback auch ein vielversprechender Ansatz im Umgang mit den körpereigenen Stressreaktionen, gerade wenn es um die sogenannten *daily hassles* (Lazarus & Folkman, 1984) geht. So hat eine Studie (Kotozaki et al., 2014) gezeigt, bei der die Teilnehmer der Experimentalgruppe jeden Tag eine 5-minütige Biofeedback-Übung über einen Zeitraum von 4 Wochen durchführen mussten, dass diese nach der Intervention deutlich verbesserte Werte in verschiedenen psychologischen Tests (u. a. Positive and Negative Affect Schedule, Center for Epidemiologic Studies Depression Scale und Brief Job Stress Questionnaire) und gesündere Cortisolwerte im Vergleich zur Kontrollgruppe aufwiesen. Darüber hinaus zeigte sich, dass die Teilnehmer der Biofeedback-Intervention einen Zuwachs an grauer Substanz (engl. gray matter) Volumen im rechten lateralen oribtofrontalen Cortex aufwiesen, der den linken Hippocampus und den linken subgenual anterior cingulären Cortex beinhaltet. Diese Regionen grauer Substanz stehen in Zusammenhang mit der Stressreaktion und sind besonders anfällig für schädigende Effekte durch Stress. Mit anderen Worten, Biofeedback ist ein effektives Verfahren zur Stressreduktion (Kotozaki et al., 2014).

22.4.2 Autogenes Training

Autogenes Training ist eine Entspannungsmethode, die auf Autosuggestion basiert. Ursprünglich wurde das Autogene Training vom Berliner Psychiater Johannes Heinrich Schultz aus der Hypnose entwickelt und 1932 erstmals veröffentlicht. Im Autogenen Training werden formelhafte Redewendungen eingesetzt, die im Unterbewusstsein einen »Glauben« manifestieren. Dieser Prozess wird als Autosuggestion bezeichnet. Dabei wird eine ruhige Körperhaltung vorausgesetzt, in der die Muskeln völlig entspannen können. In der »einfachen« Version des Autogenen Trainings werden in der Regel 7 Übungen nacheinander durchgeführt, in denen man kurze formelhafte Vorstellungen mehrmals konzentriert im Geiste vorsagt. Das Autogene Trainigsprogramm erlernt man meistens in einem Zeitraum von 8 Wochen mit einer Gruppenphase pro Woche und drei täglichen Selbsttrainingsphasen. Während diese Übungen durchgeführt werden, erleben die meisten Menschen eine Art passive Konzentration, die es dem Indviuum erlaubt den Teufelskreis Stress zu durchbrechen (Carruthers, 1979). Mit anderen Worten, Autogenes Training kann durch Selbstsuggestion in Stresssituationen zu rascher Entspannung führen. So hat eine Studie (Lim & Kim, 2014) von angehenden Krankenpflegern gezeigt, dass diejenigen, die an einem Autogenen Trainingsprogramm teilgenommen hatten, signifikant niedrigere Stressreaktionen hatten im Vergleich zu denjenigen, die kein Training erhielten. Darüber hinaus gibt es Befunde, die zeigen, dass Autogenes Training das Stresslevel schwangerer Frauen reduziert (Kwon, 2009), die Entwicklung mentaler Energie unterstützt, um ein positives Selbstbild und eine Art Selbsteffizient aufzubauen sowie Angstlevel zu reduzieren (Masato et al., 2006), das Stresserleben bei Studierenden reduziert (Song & Kim, 2010) sowie trait anxiety bei Patienten mit chronischem Schwindel reduziert (Tsutsumi, Kabeya & Ogawa, 2012). Eine Meta-Analyse experimenteller Studien hat zudem gezeigt, dass Autogenes Training einen positiven Effekt auf Stressentlastung in 7 von 8 Fällen hatte (Ernst & Kanji, 2000). Autogenes Training wird auch zur Behandlung stressbedingter oder stressverursachender Erkrankungen eingesetzt, wie Reizdarmsyndrom (Shinozaki et al., 2010), Krebs (Wright, Courtney & Crowther, 2002), Multiple Sklerose (Sutherland, Andersen & Morris, 2005), insofern Autogenes Training das Körper-Seele-Gleichgewicht (Mind-Body-Gleichgewicht) unterstützt. Autogenes Training ist eine spezifische Form der Selbst-Hypnose, auf die im Folgenden insbesondere auch im Zusammenhang mit Prüfungsangst eingegangen wird.

22.4.3 Selbst-Hypnose (Autohypnose)

Mit Selbst-Hypnose (Autohypnose) bezeichnet man ein Verfahren zum Erreichen einer hypnotischen Trance ohne Fremdhilfe. Die hypnotische Trance ist ein tief entspannter Wachzustand, in dem eine extrem eingeschränkte und auf wenige Inhalte ausgerichtete Aufmerksamkeit erreicht wird, wobei einige Menschen hypnosesensibler sind als andere. Während bei der Fremdhypnose (durch einen Hypnotiseur) keine Vorerfahrungen nötig sind, bedarf die Selbst-Hypnose ein wenig Übung, da ein tieferer und stabiler Trancezustand oft nur nach einiger Übung zu erreichen ist (Ruch, 1975). Eine enorme Anzahl an Untersuchungen legt den Schluss nahe, dass Selbst-Hypnose ein effektives Mittel beim Einsatz von state anxiety (z. B. vor einer Prüfung, Operation oder medizinischen Untersuchungen) (vgl. Hammond, 2010) ist.

> **Info**
>
> Unter *state anxiety* (Zustandsangst) versteht man Angst als eine Emotion, die über einen Zeitverlauf stark variiert, d. h. vorübergehend ist. *Trait anxiety* beschreibt die generelle Angstneigung einer Person, die sich in der Persönlichkeit wiederspiegeln kann und über die Lebensspanne relativ stabil ist (▶ Kap. 9).

So konnte Sapp (1991) eine Abnahme an Prüfungsangst und eine Leistungsverbesserung bei Studierenden feststellen, die eine Hypnose anwendeten, im Vergleich zu Studierenden, die keine Hypnotherapie duchführten. Die Veränderungen waren auch noch 6 Wochen nach der Behandlung nachweisbar. Auch Stanton (1994) führte eine experimentelle Studie durch, in der eine Gruppe an jugendlichen Schülern eine zweimalige 50-minütige Selbst-Hypnose durchführten, während eine andere Gruppe an jugendlichen Schülern zweimalig 50-minütige Diskussionen führten, wie man Prüfungsangst reduzieren kann. Nach diesen beiden Sitzungen und 6 Monate später wurden diese Schüler in Hinblick auf ihre Prüfungsangstwerte untersucht. Lediglich bei den Schülern, die Selbst-Hypnose durchführten, waren die Prüfungangstwerte signifikant reduziert – und zwar zu beiden Messzeitpunkten (direkt nach den Sitzungen und 6 Monate später). Schreiber und Schreiber (1997) führten eine ähnliche Untersuchung durch, indem sie die Effekte eines Gruppen-Selbst-Hypnose-Trainings auf die Halbjahres- und Endjahresnoten bei Studierenden untersuchten. Während die eine Gruppe der Studierenden am Gruppen-Selbst-Hypnose-Training teilnahmen, wurde die andere Gruppe in die Muskelentspannungstechnik eingeführt. Die Ergebnisse zeigten, dass die Studierenden, die am Gruppen-Selbst-Hypnose-Training teilnahmen signifikant bessere Endjahresnoten erzielten als die Studierenden der Konrollgruppe. Darüber hinaus zeigen Studien, dass der Einsatz von Selbst-Hypnose generell bei Angststörungen und verwandten Erkrankungen wie Spanungskopfschmerzen, Migräne und Reizdarmsyndrom sehr erfolgreich ist (vgl. Hammond, 2010). Auch zur Behandlung von angst- und stressbedingten Störungen (z. B. in Verbindung mit Krebserkrankungen, Verbrennungen, medizinischen und zahnmedizinischen Behandlungen) hat sich Selbsthypnose bewährt (Hammond, 2010). Dabei zeigen sich nicht nur positive Effekte in Bezug auf state anxiety, sondern sogar auf trait anxiety (vgl. Hammond, 2010), auch wenn es weiterer Forschung bedarf, um verallgemeinernde Aussagen insbesondere für trait anxiety treffen zu können.

22.5 Der Weg der täglichen Routinen

Ganz gleich, welchen Weg wir wählen oder ob wir gar mehrere neue Wege beschreiten, um die Stresssituation erfolgreich zu bewältigen, wichtig ist, dass wir sie regelmäßig nutzen und in unseren Alltag integrieren, bis Ungewohntes zu Gewohntem wird, bis die »Feldwege« zu »Autobahnen« werden, bis die Wege Teil unserer Handlungsroutine und unseres Selbst geworden sind. Erst dann haben wir die Möglichkeit, im Kampf gegen chronischen Stress erfolgreich zu sein, was den Erfolg der oben skizzierten Maßnahmen der Stressprävention und -Bewältigung sicherstellt. Natürlich können wir Autogenes Training erlernen, unsere Ernährung umstellen, uns mehr bewegen – das alles wird aber langfristig nur effektiv im Kampf gegen chronischen Stress sein, wenn wir es in unsere tägliche Routine integrieren. Ohne allzu pessimistisch zu erscheinen, möchten wir meinen, dass das den schwierigsten Schritt darstellt, da der Mensch auch gerne als Gewohnheitstier (weil er auf den bekannten Wegen durchs Leben geht) beschrieben wird. Allerdings unterstützen die positiven Effekte, die diese »neuen Wege« mit sich bringen, diesen Prozess der Transformation, da sich sehr schnell eine Erleichterung bei den Betroffenen einstellen wird.

Die oben beschriebenen Wege helfen vor allem langfristig im Umgang mit Prüfungsangst und sollten so früh wie möglich – auch präventiv – verwendet werden, damit Prüfungsangst erst gar nicht entsteht. Während chronische Stressbelastungen oft lange Zeit unbemerkt bleiben, zeigt sich Prüfungsangst deutlicher, da sie in einer akuten Stresssituation (Prüfungssituation) spürbar zu Tage tritt (▶ Kap. 9 und ▶ Kap. 18). Die Betroffenen sind wie gelähmt und benötigen manchmal Kurzzeitlösungen, um die akute Stresssituation zu überstehen. Im Folgenden werden einige situationsbezogene Lösungen (vgl. Nolting, 2011) vorgestellt, die in der Prüfungssituation kurzfristigen Erfolg versprechen, allerdings setzen diese Verfahren eher auf der Symptomebene an, als dass die eigentliche Ursache bekämpft wird. Darüber hinaus müssen auch diese Methoden erst über mehrere Wochen regelmäßig eingeübt werden, damit sie in der Prüfungssituation eine Linderung der Angst bringen. Langfristig sollten auch zur Behandlung von Prüfungsangst die oben skizzierten »neuen Wege« beschritten werden, da Prüfungsangst letztlich eine Form von Stress darstellt.

22.6 Die »Tensing and Differential Relaxation Method«

Diese Methode hilft in der Prüfungssituation durch das An- und Entspannen aller Muskeln. Wenn man während einer Prüfung am Tisch sitzt, soll man wie folgt vorgehen (Nolting, 2011):

1. Die Füße flach auf den Boden stellen.
2. Mit den Händen unterhalb des Stuhls festhalten.
3. Die Füße in den Boden drücken und gleichzeitig die Hände an den Stuhl ziehen für ungefähr 5 Sekunden.
4. Für 5 bis 10 Sekunden entspannen.
5. Das Verfahren zwei bis dreimal wiederholen.
6. Alle Muskeln entspannen außer denen, die für die tatsächliche Prüfung benötigt werden.

22.7 Die Palming-Methode

Die Palming-Methode ist ein Visualisierungsverfahren, um Prüfungsangst zu reduzieren. Wenn man vor oder während einer Prüfung am Tisch sitzt, sollte man folgende Schritte durchführen (Nolting, 2011):

1. Die Augen schließen und mit dem Zentrum der Handflächen abdecken.
2. Die Hände sollen nicht die Augen berühren, indem man die unteren Handflächen auf die Wangenknochen legt und die Finger auf die Stirn. Die Augäpfel dürfen auf gar keinen Fall weder berührt, gerieben noch angefasst werden.
3. Dann soll man an eine reale oder eingebildete Entspannungsszene denken. Diese Szene soll mental visualisiert werden und so verbildlicht werden, als würde man sie aus der eigenen Perspektive sehen.
4. Diese Szene soll für eine oder zwei Minuten visualisiert werden.

Die Visualisierung dieser Szene sollte mehrere Tage vor der eigentlichen Prüfung trainiert werden, damit die Effektivität des Verfahrens maßgeblich verbessert wird.

22.8 Tiefes Atmen

Richtiges Atmen ist ein Weg, Stress und Prüfungsangst zu reduzieren, insofern dann genug Sauerstoff in den Blutkreislauf gelangt, um Körper und Geist zu versorgen. Ein Mangel an Sauerstoff im Blut begünstigt einen Angstzustand, der es erschwert, auf Stress entsprechend zu reagieren. Durch tiefes Atmen hingegen kann Prüfungsangst kontrolliert werden (Nolting, 2011):

1. Aufrecht in einer guten Position im Stuhl sitzen.
2. Langsam durch die Nase einatmen.
3. Wenn man einatmet, zuerst die unteren Lungenabschnitte und dann die oberen Lungenabschnitte füllen.

4. Den Atem für einige Sekunden anhalten.
5. Langsam aus dem Mund ausatmen.
6. Einige Sekunden warten und dann diesen Prozess wiederholen.
7. Diese Übung 4–5 Minuten lang ausführen (entspricht ungefähr 10 Atmungskreisläufen). Zwischendurch auch zwei bis drei normale Atemzüge einbauen. Falls einem während der Übung schwindelig wird, sollte man 30–45 Sekunden stoppen und dann die Übung wieder aufnehmen.
8. Während der gesamten Übung sollte man darauf achten, dass man gleichmäßig und in einem regulären Rhythmus atmet, ohne Luft zu schlucken oder plötzlich auszuatmen.
9. Um die Entspannung zu verbessern, kann man sich selbst »Entspanne« oder »Sei ruhig« sagen, wenn man ausatmet. Dies kann eine Konditionierung starten, die Entspannung auslöst, wenn man die Worte während einer Angstsituation wiederholt. Übt man dieses Verfahren, wird die Konditionierung verstärkt.

Auch hier gilt, je öfter diese Entspannungstechniken angewendet und geübt werden, desto besser funktionieren sie. Es gibt noch andere kurzfristige Entspannungstechniken (z. B. Fantasiereise, Hypnose-CDs etc.), die man relativ schnell anwenden bzw. erlernen kann, allerdings sei hier noch einmal auf den wichtigen Hinweis verwiesen, dass diese Techniken keine langfristige Hilfe darstellen. Wollen wir uns langfristig im Umgang mit Stress und Prüfungsangst helfen, gilt es, die oben skizzierten »neuen Wege« zu gehen. Darüber hinaus besteht natürlich immer die Möglichkeit, sich externe Hilfe (z. B. Therapie, Coaching, Stressmanager) zu suchen, wobei auf ausgewiesene Stress- und Prüfungsangst-Experten geachtet werden sollte.

Bedenkt man die zahlreichen Erkrankungen und Störungen, die aus chronischem Stress resultieren und die bereits im Kindes- und Jugendalter zu verzeichnen sind (▶ Kap. 20), dann stellt sich die Frage, warum nicht auch in der Schule die in Kapitel 21 skizzierten neue Wege beschritten werden. So haben Studien gezeigt (Ergene, 2003), dass der Einsatz von Biofeedback, kognitiver Verhaltenstherapie und Achtsamkeit für ein integratives und balanciertes Coping auch bei Kindern und Jugendlichen essenziell ist. Auch in der Prüfungsangstforschung hat sich gezeigt, dass je nachdem, welche Komponente von Prüfungsangst bei Individuen im Vordergund steht (z. B. Besorgtheit, Aufgeregtheit, kognitive Interferenz, Mangel an Zuversicht, ▶ Kap. 9), unterschiedliche Interventionsmaßnahmen durchgeführt werden sollten. Hodapp und Kollegen (2011) empfehlen die Anwendung von Gedankenstopp und die Bearbeitung der kognitiven Verzerrung von Prüfungsängstlichen (z. B. bei Aussagen wie »Ich mache alles falsch.«), um besorgniserregende Gedanken abzubauen. Entspannungstechniken, wie in diesem Kapitel ausführlich beschrieben, können helfen, prüfungsangstbezogene Aufregung zu minimieren. Das Trainieren aufgabenbezogener Aktivitäten kann helfen, irrelevanten und störenden Gedanken, welche die Bearbeitung der jeweiligen Aufgabe erschweren, entgegenzuwirken. Um dem Mangel an Zuversicht und einem geringen Selbstwert entgegenzuwirken, kann eine positive Selbstverbalisation die Zuversicht in die eigene Person und eigene Fähigkeiten stärken. Durch den inneren Monolog erfolgt eine verbale Konditionierung, die das Individuum in seiner Zuversicht stärkt, die bevorstehenden Aufgaben erfolgreich zu bewältigen.

Um Prüfungsangst langfristig und effektiv zu reduzieren, hat sich gezeigt, dass insbesondere ein multimodales Vorgehen Erfolg verspricht, welches in jedem Fall kognitive Elemente beinhalten sollte.

Empfohlene Literatur

Suhr-Dachs, L. & Döpfner, M. (2015). Leistungsängste: Therapieprogramm für Kinder und Jugendliche mit Angst- und Zwangsstörungen (THAZ) – Band 1 (Therapeutische Praxis)
In diesem Buch wird ausführlich auf die verschiedenen Möglichkeiten zum Abbau von Prüfungsangst eingegangen.
Schneider, S. (2004). Angststörungen bei Kindern und Jugendlichen. Grundlagen und Behandlung
Dieses Buch klärt über entwicklungsphasentypische Ängste (z. B. im Schulalter) und deren Intervention auf.

23   Schulpraktische Implikationen

Um das Stresserleben im Kindes- und Jugendalter zu reduzieren und der Entstehung von Stress vorzubeugen, ist es zunächst einmal wichtig für Lehrpersonal, Eltern und Schüler, übermäßigen lang andauernden Stress als psychosomatische Belastung zu erkennen, verbunden mit der Motivation, durch Prävention, Intervention und Rehabilitation Stress abzubauen bzw. vorzubeugen.

Im Rahmen der Stressbewältigung bzw. -prävention bietet die Stärkung von Resilienzfaktoren (Widerstandskraft, Optimismus, Kohärenzgefühl, wahrgenommene Kontrolle, ▶ Kap. 4) eine wichtige Basis dafür, produktiv mit Stressbelastungen umzugehen, d. h. stressauslösende Situationen als Herausforderung anzunehmen und gestärkt aus der jeweiligen Stressbelastungen hervorzugehen. In verschiedenen Trainingsmodellen, wie dem Anti-Stress-Training (AST) und dem Trainingsmodell SNAKE, lernen Kinder und Jugendliche stressauslösende Probleme zu identifizieren, Lösungen zu suchen, diese konkret umzusetzen und anschließend zu bewerten. Die Lösungen beinhalten kognitive, affektive und verhaltensorientierte Bewältigungsstrategien (▶ Kap. 5), mit denen Kinder und Jugendliche zunächst vertraut gemacht werden mit dem Ziel, in Zukunft auf ein Repertoire an erfolgreichen Strategien zur Bewältigung von Stress zurückgreifen zu können. Des Weiteren kann das Einsetzen einzelner stressreduzierender Methoden im Klassengeschehen, wie z. B. Atemübungen, Autogenes Training etc. (▶ Kap. 21), zur Stabilisierung der Schüler beitragen und somit gesundheitsschädigenden Stressempfindungen vorbeugen.

Neben Anti-Stress-Trainings bietet die Lernumgebung einen wichtigen Kontext, in dem der Entstehung von Stress aktiv entgegengewirkt werden kann. Neben der Berücksichtigung der Bedürfnisse von Schülern, sollten realistische Erwartungen und Ziele sowie an die Schüler gerichtete Ansprüche formuliert werden, welche die Individualität eines jeden Schülers berücksichtigen. Dabei sollten Konkurrenz, übermäßiger Individualismus und das permanente Streben, besser als andere sein zu wollen – Aspekte, die ohnehin schon fester Bestandteil der westlich orientierten Welt sind –, in der Schule nicht weiter kultiviert werden. Vielmehr sollte eine gegenseitige Wertschätzung, Anerkennung und das Miteinander aller Akteure im Schulkontext zu einem positiven Schülersozialklima beitragen und als angebrachte Werte im Schul- und Klassengeschehen fest verankert werden. Beispielsweise können Schüler-Mentoring-Programme dazu beitragen, dass die Schüler-Schüler-Beziehung gestärkt und die Peer-Kultur bewusst im Schulkontext unterstützt wird (Raufelder & Ittel, 2009). Darüber hinaus können Trainings zur sozialen Kompetenz dazu beitragen, dass Schüler empathisch miteinander umgehen und der Klassenzusammenhalt gestärkt wird. Diese Programme umfassen beispielsweise das Gruppentraining sozialer Kompetenzen (GSK), das Schultraining sozialer Kompetenzen (SOKO) oder das Soziale Lernen (vgl. Ittel & Raufelder, 2009).

Somit können positiv erlebte Beziehungen das Stressempfinden abpuffern und Individuen in ihrer persönlichen Entwicklung stärken (▶ Kap. 6). Von einem unterstützenden Sozialklima innerhalb der Schule profitieren nicht nur Schüler, indem die Motivation, das schulische Engagement und die Leistungserbringung gesteigert werden, sondern gleichermaßen das Lehrpersonal, welches mit stressbedingten hohen Krankenständen und der Diagnose Burnout zunehmend zu kämpfen hat (vgl. Schaarschmidt & Kleschke, 2005).

Wenn Individuen in einer wertschätzenden Umgebung aufwachsen, die durch Achtsamkeit der eigenen Person und ihrer Umgebung geprägt ist, können Individuen ihr gesamtes Potenzial angstfrei entfalten und entwickeln. In diesem Rahmen können gestärkte Persönlichkeiten mit stressauslösenden Ereignissen effektiv umgehen und soziale Beziehungen als Puffer bei Stress fungieren.

Schlusswort

Wenn man dieses Buch als Reise durch die Geschichte der Stress- und Prüfungsangstforschung versteht, dann sind wir jetzt am Ende unserer Reise angekommen, die hoffentlich gleichzeitig den Anfang einer neuen Reise meint, in der wir neue Wege beschreiten, die uns aus Stress und Prüfungsangst führen. Das größte Hindernis, das wir dabei überwinden müssen, sind wir selbst: Wir müssen aus der schützenden Gewohnheit ausbrechen und lernen, dass reisen nicht nur Spaß bereitet, sondern neue Reiseerfahrungen und -erkentnisse unser Leben bereichern. Aus einer neuen Perspektive nehmen die vermeintlich stressigen und angstbereitenden Dinge und Situationen neue Formen an. Der aufmerksame Leser weiß, dass wir hier sowohl von synaptischen Verbindungen im Gehirn, als auch von veränderten Verhaltensweisen sprechen. Das eine führt schließlich zum anderen. Es ist schwierig – wenn nicht gar unmöglich – die Dinge und Situationen »da draußen« zu ändern, aber es ist möglich unsere Wahrnehmung dieser Dinge und Situationen zu verändern.

Wenn uns andere Menschen auf unserer Reise unterstützen, dann kann das hilfreich sein. Sie können uns ermutigen, unterstützen und zum Durchhalten animieren, wenn es uns plötzlich ins vermeintlich sichere Zuhause inkl. der alten Gewohnheiten zurückzieht. Sie können uns auch zum Reisen inspirieren, uns Reisewege aufzeigen oder von ihren Reisen berichten. Und schließlich ist nichts so beflügend, wie eine gemeinsame neue Erfahrung, die man mit Menschen teilt, denen man vertraut.

>»Die große Herausforderung des Lebens liegt darin, die Grenzen in dir selbst zu überwinden und so weit zu gehen, wie du dir niemals hättest träumen lassen« (Paul Gaugin).

Literatur

Achermann, N., Pecorari, C., Winkler Metzke, C. & Steinhausen, H.-C. (2006). Schulklima und Schulumwelt in ihrer Bedeutung für psychische Störungen bei Kindern und Jugendlichen – Einführung in die Thematik. In H.-C. Steinahusen (Hrsg.), *Schule und psychische Störungen* (Vol. 1). Stuttgart: Kohlhammer.

Adams, R. E., Santo, J. B. & Bukowski, W. M. (2011). The presence of a best friend buffers the effects of negative experiences. *Developmental Psychology, 47*, 1786–1791. doi: 10.1037/a0025401

Adeniyi, P. O. (2015). Stress, a major determinant of nutritional and health status. *American Journal of Public Health Research, 3*, 15–20. doi: 10.12691/ajphr-3-1-3

Adler, N. E., Boyce, T., Chesney, M. A., Cohen, S., Folkman, S., Kahn, R. L. & Syme, S. L. (1994). Socioeconomic status and health: The challenge of the gradient. *American Psychologist, 49*, 15–24. doi: 10.1037/0003-066X.49.1.15

Adler, N. E., Epel, E. S., Castellazzo, G. & Ickovics, J. R. (2000). Relationship of subjective and objective social status with psychological and physiological functioning: Preliminary data in healthy White women. *Health Psychology, 19*, 586–592. doi: 10.1037/0278-6133.19.6.586

Aldwin, C. M. (1990). The elders life stress inventory: Ecocentric and nonecocentric stress. In M. A. P. Stephens, J. H. Crowther, S. E. Hobfoll & D. L. Tennenbaum (Eds.), *Stress and coping in later-life families* (pp. 49–70). New York, NY: Hemisphere.

Aldwin, C. M., Sutton, K. J., Chiara, G. & Spiro, A. (1996). Age differences in stress, coping, and appraisal: findings from the normative aging study. *The Journals of Gerontology Series B: Psychological Sciences and Social Sciences, 51*(4), 179–188.

Alekseenko, A.V., Kolos, V.A., Waseem, T.V. & Fedorovich, S. V. (2009). Glutamate induces formation of free radicals in rat brain synaptosomes. *Biophysics, 54*, 617–620. doi: 10.1134/S000635090905011X

Allen, K., Blascovich, J. & Mendes, W. B. (2002). Cardiovascular reactivity and the presence of pets, friends, and spouses: the truth about cats and dogs. *Psychosomatic Medicine, 64*(5), 727–739.

American Psychological Association (2014) Identifying signs of stress in your children and teens. Zugriff am 09.06.2016 unter http://www.apa.org/helpcenter/stress-children.aspx.

American Psychological Association (2010). *The American psychological association's stress in America 2010 report*. Zugriff am 17.9.2013 unter http://www.apa.org/news/press/releases/stress/national-report.pdf

Amunts, K., Kedo, O., Kindler, M., Pieperhoff, P., Mohlberg, H., Shah, N. J., Habel, U., Schneider, F. & Zilles, K. (2005). Cytoarchitectonic mapping of the human amygdala, hippocampal region and entorhinal cortex: intersubject variability and probability maps. *Anatomy and Embryology, 210*, 343–352. doi: 10.1007/s00429-005-0025-5

Antoni, M. H., Lutgendorf, S. K., Cole, S. W., Dhabhar, F. S., Sephton, S. E., McDonald, P. G., Stefanek, M. & Sood AK. (2006). The influence of bio-behavioural factors on tumour biology: Pathways and mechanisms. *Nature Reviews Cancer, 6*, 240–248. doi: 10.1038/nrc1820

Antonovsky, A. (1979). *Health, stress, and coping: New perspectives on mental and physical well-being*. San Francisco, CA: Jossey-Bass.

Arnett, J. (1999). Adolescent storm and stress, reconsidered. *American Psychologist, 54*, 317–326. doi: 10.1037/0003-066X

Arnold, M. B. (1960). *Emotion and personality. Volume II: Neurological and physiological aspects*. New York, NY: Columbia University Press.

Association, A. P. (1994). *Diagnostic and Statistical Manual of Mental Disorders: DSM-IV*. Washington, DC: American Psychiatric Association.

Atkinson, J. W. (1964). *An introduction to motivation*. New York, NY: Van Nostrand.

Atkinson, J. W. (1957). Motivational determinants of risk-taking behavior. *Psychological Review, 64*, 359–412. doi: 10.1037/h0043445

Atkinson, J. W. (1983). Motivational determinants of risk-taking behavior. In C. D. Spielberger (Ed.), *Personality, Motivation, and Action. Selected papers* (pp. 101–119). New York, NY: Praeger Special Studies.

Azagba, S. & Sharaf, M. F. (2011). The effect of job stress on smoking and alcohol consumption. *Health Economics Review, 1*, 15. doi: 10.1186/2191-1991-1-15

Bagner, D. M., Pettit, J. W., Lewinsohn, P. M. & Seeley, J. R. (2010). Effect of maternal depression on child behavior: a sensitive period? *Journal of the American Academy of Child and Adolescent Psychiatry, 49*, 699–707.

Bakadorova, O. & Raufelder, D. (2015). Perception of teachers and peers during adolescence: Does school self-concept matter? Results of a qualitative study. *Learning and Individual Differences, 43*, 218–225. doi: 10.1016/j.lindif.2015.08.035

Bandura, A. (1981). Self-referent thought: A developmental analysis of self- efficacy. In J. H. Flavell & L. Ross (Eds.), *Social cognitive development. Frontiers and possible futures* (pp. 200–239). Cambridge, UK: Cambridge University Press.

Barker, D. J. (1995). The Wellcome Foundation Lecture, 1994. The fetal origins of adult disease. *Proceedings of the Royal Society B: Biological Sciences, 262*, 37–43. doi: 10.1098/rspb.1995.0173.

Barker, D. J. (2004). The developmental origins of chronic adult disease. *Acta Paediatrica, 93*, 26–33. doi: 10.1111/j.1651-2227.2004.tb00236.x

Baum, A., Garofalo, J. P. & Yali, A. M. (1999). Socioeconomic status and chronic stress. Does stress account for SES effects on health? *Annals of the New York Academy of Sciences, 896*, 131–144. doi: 10.1111/j.1749-6632.1999.tb08111.x

Baumeister, R. & Leary, M. R. (1995). The need to belong: Desire for interpersonal attachments as a fundamental human motivation. *Psychological Bulletin, 117*, 497–529. doi: 10.1037/0033-2909.117.3.497

Beck, A. T. (1987). Cognitive models of depression. *Journal of Cognitive Psychotherapy: An International Quarterly, 1*, 5–37.

Beehr, T. A. & McGrath, J. E. (1992). Social support, occupational stress and anxiety. *Anxiety, Stress & Coping, 5*, 7–19. doi: 10.1080/10615809208250484.

Beidel, D. C. & Turner, S. M. (1988). Comorbidity of test anxiety and other anxiety disorders in children. *Journal of Abnormal Child Psychology, 13*(3), 275–287.

Beisenkamp, A., Klöckner, C., Hallmann, S. & Preißner, C. (2009). *Wir sagen Euch mal was. LBS-Kinderbarometer Deutschland 2009. Stimmungen, Trends und Meinungen von Kindern in Deutschland*. Herten: PROSOZ Herten ProKids-Institut.

Bensberg, G. & Messer, J. (2010). *Survivalguide Bachelor. Leistungsdruck, Prüfungsangst, Stress und Co? Erfolgreich mit Lerntechniken, Prüfungstipps. So überlebst Du das Studium!* Heidelberg, Germany: Springer

Bensel, J. (2003). *Frühe Säuglingsunruhe – Einfluss westlicher Betreuungspraktiken und Effekte auf Aktivitätsmuster und biologischen Rhythmus*. Berlin: VWB.

Berchtold, N. C., Castello, N. & Cotman, C. W. (2010). Exercise and time-dependent benefits to learning and memory. *Neuroscience, 167*, 588–597. doi: 10.1016/j.neuroscience.2010.02.050

Bergman, K., Sarkar, P., Glover, V. & O'Connor, T. G. (2010). Maternal prenatal cortisol and infant cognitive development: moderation by infant-mother attachment. *Biological Psychiatry, 67*, 1026–1032. doi: 10.1016/j.biopsych.2010.01.002.

Bergmüller, S. (2007). *Schulstress unter Jugendlichen: Ent- stehungsbedingungen, vermittelnde Prozesse und Folgen. Eine empirische Studie im Rahmen von PISA 2003*. Hamburg: Kovac.

Berntson, G. G., Sarter, M. & Cacioppo, J. T. (2002). Anxiety and cardiovascular reactivity: The basal forebrain cholinergic link. In J. T. Cacioppo, G. G. Berntson, R. Adolphs, C. S. Carter, R. J. Davidson, M. K. McClintock, B. S. McEwen, M. J. Meaney, D. L. Schacter, E. M. Sternberg, S. S. Suomi & S. E. Taylor (Eds.), *Foundation in social neuroscience* (pp. 425–459). Cambridge, MA: The MIT Press.

Biggs, B. K., Nelson, J. M. & Sampilo, M. L. (2010). Peer relations in the anxiety-depression link: Test of a mediation model. *Anxiety, Stress & Coping, 23*, 431–447. doi: 10.1080/10615800903406543

Birbaumer, N. & Schmidt, R. F. (2010). *Biologische Psychologie* (7. Auflage). Heidelberg: Springer.

Bittner, G. & Lichtenthal, A. (2011). *Krankheit beginnt im Kopf – Gesundheit auch*. Berlin: epubli.

Blumenthal, H., Leen-Feldner, E. W., Babson, K. A., Gahr J. L., Trainor, C. D. & Frala, J. L. (2011). Elevated social anxiety among early maturing girls. *Developmental Psychology, 47*, 1133–1140. doi: 10.1037/a0024008

Bodanowitz, J. (2017). DAK-Präventionsradar 2017. Zugriff: https://www.dak.de/dak/¬bundes-themen/fast-jeder-zweite-schueler-leidet-unter-stress-1936264.html

Böss-Ostendorf, A. & Senft, H. (2005). *Beat it! Der Prüfungscoach für Studium und Karriere* (Vol. 1). Frankfurt a. M.: Campus.

Breivik, K. & Olweus, D. (2006). Children of divorce in a Scandinavian welfare state: are they less affected than US children? *Scandinavian Journal of Psychology, 47*, 61–74. doi: 10.1111/j.1467-9450.2006.00493.x

Bremner, J. D., Narayan, M., Anderson, E. R., Staib, L. H., Miller, H. L. & Charney, D. S. (2000). Hippocampal volume reduction in major depression. *American Journal of Psychiatry, 157*, 115–117. doi: 10.1176/ajp.157.1.115

Bremner, J. D. (2006) Traumatic stress: Effects on the brain. *Dialogues in Clinical Neuroscience, 8*(4), 445–461.

Brendgen, M., Vitaro, F., Boivin, M., Girard, A., Bukowski, W. M., Dionne, G., Tremblay, R. E. & Pérusse, D. (2009). Gene environment interplay between peer rejection and depressive behavior in children. *Journal of Child Psychology and Psychiatry, 50*(8), 1009-1017. doi: 10.1111/j.1469-7610.2009.02052.x

Bronfenbrenner, U. (1979). *The Ecology of Human Development*. Cambridge, MA: University Press.

Brotman, D. J., Golden, S. H. & Wittsein, I. S. (2007). The cardiovascular toll of stress. *Lancet, 370*, 1089–1100.

Brown, S. L., Nobiling, B. D., Teufel, J. & Birch, D. A. (2011). Are kids too busy? Early adolescents' perceptions of discretionary activities, overscheduling, and stress. *Journal of School Health, 81*, 574–580. doi: 10.1111/j.1746-1561.2011.00629.x

Buhs, E. S., Ladd, G. W. & Herald, S. L. (2006). Peer exclusion and victimization: Processes that mediate the relation between peer group rejection and children's classroom engagement and achievement? *Journal of Educational Psychology, 98*, 1–13. doi: 10.1037/0022-0663.98.1.1

Buchanan, C. M., Eccles, J. S. & Becker, J. B. (1992). Are adolescents the victims of raging hormones: Evidence for activational effects of hormones on moods and behavior at adolescence. *Psychological Bulletin, 111*, 62–107. doi: 10.1037/0033-2909.111.1.62

Bukowski, W. M., Laursen, B. & Hoza, B. (2010). The snowball effect: Friendship moderates escalations in depressed affect among avoidant and excluded children. *Development and Psychopathology, 22*, 749–757. doi: 10.1017/s095457941000043x

Bureau, J. F., Easterbrooks, M. A. & Lyons-Ruth, K. (2009). Maternal depressive symptoms in infancy: Unique contribution to children's depressive symptoms in childhood and adolescence? *Developmental Psychopathology, 21*, 519–537. doi: 10.1017/S0954579409000285.

Busch, K. (2012). Die Arbeitsunfähigkeit in der Statistik der GKV. In B. Badura, A. Ducki, H. Schröder, J. Klose & M. Meyer (Hrsg.), *Fehlzeiten-Report 2012: Gesundheit in der flexiblen Arbeitswelt: Chancen nutzen, Risiken minimieren* (S. 469–476). Berlin: Wissenschaftliches Institut der AOK (WIdO).

Bzdok, D., Laird, A., Zilles, K., Fox, P. T. & Eickhoff, S. (2013). An investigation of the structural, connectional and functional sub-specialization in the human amygdala. *Human Brain Mapping, 34*, 3247–3266. doi: 10.1002/hbm.22138

Cannon, W. B. (1915). *Bodily changes in pain, hunger, fear and rage, an account of recent researches into the function of emotional excitement.* New York, NY: Appleton and Co.

Cannon, W. B. (1935). Stresses and strains of homeostasis. *American Journal of the Medical Science, 189*(1), 1–14.

Carruthers, M. (1979). Autogenic training. *Journal of Psychosomatic Research, 23*, 437–440. doi: 10.1016/0022-3999(79)90059-X

Cattell, R. B. (1966). Anxiety and motivation: theory and crucial experiments. In C. D. Spielberger (Ed.), *Anxiety and Behavior* (pp. 23–62). New York, NY: Academic Press.

Chamorro-Premuzic, T., Ahmetoglu, G. & Furnham, A. (2008). Little more than personality: Dispositional determinants of test anxiety (the Big Five, core self-evaluations, and self-assessed intelligence). *Learning and Individual Differences, 18*, 258–263. doi: 10.1016/j.lindif.2007.09.002

Chandrasekhar, K., Kapoor, J. & Anishetty, S. (2012). A prospective, randomized double-blind, placebo-controlled study of safety and efficacy of a high-concentration full-spectrum extract of ashwagandha root in reducing stress and anxiety in adults. Indian *Journal of Psychological Medicine, 34*, 255–262. doi: 10.4103/0253-7176.106022

Chang, P. P., Ford, D. E., Meoni, L. A., Wang, N. Y. & Klag, M. J. (2002). Anger in young men and subsequent premature cardiovascular disease: The Precursors study. *Archives of Internal Medicin, 162*(8), 901–906.

Chicago, U. O. (2008, March 20). Breast cancer in black women may be connected to neighborhood conditions, study suggests, *ScienceDaily*. Abgerufen von http://www.sciencedaily.com/releases/2008/03/080317164342.htm.

Clark, R., Anderson, N. B., Clark, V. R. & Williams, D. R. (1999). Racism as a stressor for African Americans: A biopsychosocial model. *American Psychologist, 54*(10), 805–816.

Cohen, S. & Hoberman, H. M. (1983). Positive events and social supports as buffers of life change stress. *Journal of Applied Social Psychology, 13*, 99–125. doi: 10.1111/j.1559-1816.1983.tb02325.x

Cohen, S. & Wills, T. A. (1985). Stress, social support, and the buffering hypothesis. *Psychological Bulletin, 98*(2), 310–357. doi: 10.1037//0033-2909.98.2.310

Cohen, S., Schwartz, J. E., Bromet, E. J. & Parkinson, D. K. (1991). Mental health, stress, and poor health behaviors in two community samples. *Preventive Medicine, 20*, 306–315. doi: 10.1016/ 0091-7435(91)90029-4

Cohen Silver, R. C., Poulin, M., Holman, E. A., McIntosh, D. N., Gil-Rivas, V. & Pizarro, J. (2004). Exploring the myths of coping with a national trauma: A longitudinal study of responses to the September 11th terrorist attacks. *Journal of Aggression, Maltreatment & Trauma, 9*, 129–141. doi: 10.1300/J146v9n01_16

Connor-Smith, J. K., Compas, B. E., Wadsworth, M. E., Harding Thomsen, A. & Saltzman, H. (2000). Responses to stress in adolescence; Measurement of coping and involuntary stress responses. *Journal of Consulting and Clinical Psychology, 68*(6), 976–992. doi: 10.1037/0022-006X.68.6.976

Conrad, C. D., LeDoux, J. E., Magannos, A. M. & McEwen, B. S. (1999). Repeated restraint stress facilitates fear conditioning independently of causing hippocampal CA3 dendritic atrophy. *Behavioral Neuroscience, 113*, 902–913.

Cortina, K. S. (2008). Leistungsängstlichkeit. Performance Anxiety. In W. Schneider & M. Hasselhorn (Hrsg.), *Handbuch der Pädagogischen Psychologie* (Vol. 1, S. 50–61). Göttingen, Germany: Hogrefe.

Crystal, D. S., Chen, C., Fuligni, A. J., Stevenson, H. W., Hsu, C.-C., Ko, H.-J., Kitamura, S. & Kimura, S. (1994). Psychological maladjustment and academic achievement: A cross-cultural study of Japanese, Chinese, and American high school students. *Child Development, 65*, 738–753. doi: 10.1111/j.1467-8624.1994.tb00780.x

Danner, D. D., Snowdon, D. A. & Friesen, W. V. (2001). Positive emotions in early life and longevity: Findings from the nun study. *Journal of Personality and Social Psychology, 80*, 804–813. doi: 10.1037/0022-3514.80.5.804

Dawans, B. v., Fischbacher, U., Kirschbaum, C., Fehr, E. & Heinrichs, M. (2012). The social dimension of stress reactivity: Acute stress increases prosocial behavior in humans. *Psychological Science, 23*, 651–660. doi: 10.1177/0956797611431576

Dawson, G., Klinger, L. G., Panagiotides, H., Hill, D. & Spieker, S. (1992). Frontal lobe activity and affective behavior of infants of mothers with depressive symptoms. *Child Development, 63*, 725–737. doi: 10.2307/1131357.

Deci, E. L. & Ryan, R. M. (1990). *Intrinsic motivation and self-determination in human behavior* (Vol. 3). New York, NY: Plenum Press.

Deffenbacher, J. L. (1978). Worry, emotionality, and task-generated interference in test anxiety: An empirical test of attentional theory. *Journal of Educational Psychology, 70*(2), 248–254. doi: 10.1037/0022-0663.70.2.248

Denollet, J. K. L. (2000). Type D personality: A potential risk factor refined. *Journal of Psychosomatic Research, 49*, 255–266. doi: 10.1016/S0022-3999(00)00177-X

Deutscher Kinderschutzbund. (2012). *Elefanten-Kindergesundheitsstudie 2011/2012.* Zugriff am 17. 9. 2013 unter http://www.bildungsserver.de/db/mlesen.html?Id=49718

Di Maria, F. & Di Nuovo, S. (1990). Gender differences in social and test anxiety. *Personality and Individual Differences, 11*, 525–530. doi: 10.1016/0191-8869(90)90066-z

Dickerson, S. S. & Kemeny, M. E. (2004). Acute stressors and cortisol responses: a theoretical integration and synthesis of laboratory research. *Psychological Bulletin, 130*, 355–391. doi: 10.1037/0033-2909.130.3.355

Diepenmaat, A. C. M., van der Wal, M. F., de Vet, H. C. W. & Hirasing, R. A. (2006). Neck/shoulder, low back, and arm pain in relation to computer use, physical activity, stress, and depression among Dutch adolescents. *Pediatrics, 117*, 412–416. doi: 10.1542/peds.2004-276610.1542/peds.2004-2766

Dilling, H. & Mombour, W. (2015). *Internationale Klassifikation psychischer Störungen: ICD-10 Kapitel V (F) – Klinisch-diagnostische Leitlinien.* Bern: Hans Huber.

D'Mello, M. J. J., Ross, S. A., Briel, M., Anand, S. S., Gerstein, H. & Paré, G. (2015). Association between shortened leukocyte telomere length and cardiometabolic outcomes: systematic review and meta-analysis. *Circulation: Cardiovascular Genetics, 8*, 82–90. doi: 10.1161/CIRCGENETICS

Dorsch, L. d. P. (Hrsg.) (2014) Dorsch, Lexikon der Psychologie (Vol. 17). Abgerufen von: https://portal.hogrefe.com/dorsch/stress/: Hans Huber.

Dowlatia, Y., Herrmann, N., Swardfagera, W., Liuc, H., Shamc, L., Reimc, E. K. & Lanctôt, K. L. (2010). A meta-analysis of cytokines in major depression. *Biological Psychiatry, 67*, 446–457. doi: 10.1016/j.biopsych.2009.09.033

Drevets, W. C. (2003). Neuroimaging abnormalities in the amygdala in mood disorders. *Annals of the New York Academy of Sciences, 985*, 420–444. doi: 10.1111/j.1749-6632.2003.tb07098.x

Dubowitz, T., Heron, M., Bird, C. E., Lurie, N., Finch, B. K., Basurto-Dávila, R., Hale, L. & Escarce, J. J. (2008). Neighborhood socioeconomic status and fruit and vegetable intake among whites, blacks, and Mexican Americans in the United States. *American Society for Clinical Nutrition, 87*, 1883–1891. doi: 10.1016/j.whi.2007.11.001

Dunlop, B. W. & Nemeroff, C. B. (2007). The role of dopamine in the pathophysiology of depression. *Archives of General Psychiatry, 64*, 327–337. doi: 10.1001/archpsyc.64.3.327

Dusek, J. B. & Danko, M. (1994). Adolescent coping style and perceptions of parental child rearing. *Journal of Adolescent Research, 9*, 412–426. doi: 10.1177/074355489494002.

Ebstrup, J. F., Eplov, L. F., Pisinger, C. & Jørgensen, T. (2011). Association between the Five Factor personality traits and perceived stress: is the effect mediated by general self-efficacy? *Anxiety, Stress & Coping, 24*, 407–419. doi: 10.1080/10615806.2010.540012

Eder, F. (2006). Schul-und Klassenklima. In D. Rost (Hrsg.), *Handwörterbuch Pädagogische Psychologie* (S. 578– 586). Weinheim: Beltz.

Ellis, B.J., Shirtcliff, E. A., Boyce, W. T., Deardorff, J. & Essex, M. J. (2011). Quality of early family relationships and the timing and tempo of puberty: Effects depend on biological sensitivity to context. *Development and Psychopathology, 23*, 85–99. doi: 10.1017/S0954579410000660

Englund, M. M., Egeland, B. & Collings, W. A. (2008). Exceptions to high school dropout predictions in a low-income sample: Do adults make a difference. *Journal of Social Issues, 64*, 77–93. doi:10.1111/j.1540-4560.2008.00549.x.

Epel, E. S., Blackburn, E. H., Lin, J., Dhabhar, F. S., Adler, N. E., Morrow, J. D. & Cawthon, R. M. (2004). Accelerated telomere shortening in response to life stress. *PNAS, 101*, 17312–17315. doi: 10.1073/pnas.0407162101

Epel, E., Lin, J., Wilhelm, F., Wolkowitz, O., Cawthon, R., Adler, N., Dolbier, C., Mendes, W. B. & Blackburn, E. H. (2006). Cell aging in relation to stress arousal and cardiovascular disease risk factors. *Psychoneuroendocrinology, 31*, 277–287. doi: 10.1016/j.psyneuen.2005.08.011

Epel, E., Daubenmier, J., Moskowitz, J. T., Folkman, S. & Blackburn, E. (2009). Can meditation slow rate of cellular aging? Cognitive stress, mindfulness, and telomeres. *Annals of the New York Academy of Sciences, 1172*, 34–53. doi: 10.1111/j.1749-6632.2009.04414.x

Ergene, T. (2003). Effective interventions on test anxiety reduction. A meta-analysis. *School Psychology International, 24*, 313–328 doi: 10.1177/01430343030243004

Eriksen, H. R. & Ursin, H. (2004). Subjective health complaints, sensitization, and sustained cognitive activation. *Journal of Psychosomatic Research, 56*, 445–448. doi: 10.1016/S0022-3999(03)00629-9

Ernst, C. (2001). Die bessere und die schlechtere Hälfte? Geschlechtsunterschiede in der Prävalenz psychischer Krankheiten aus epidemiologischer Sicht. In A. Riecher-Rösler & A. Rohde (Hrsg.), *Psychische Erkrankungen bei Frauen* (S. 47–61). Basel: Karger.

Ernst, E. & Kanji, N. (2000). Autogenic training for stress and anxiety: a systematic review. *Complementary Therapies in Medicine, 8*, 106–110. doi: 10.1054/ctim.2000.0354

Esposito, P., Gheorghe, D., Kandere, K., Pang, X., Connolly, R., Jacobson, S. & Theoharides, T. C. (2001). Acute stress increases permeability of the blood-brain-barrier through activation of brain mast cells. *Brain Research, 888*, 117–127. doi: 10.1016/S0006-8993(00)03026-2

Eum, K. & Rice, K. G. (2011). Test anxiety, perfectionism, goal orientation, and academic performance. *Anxiety, Stress & Coping, 24*, 167–178. doi: 10.1080/10615806.2010.488723

Everson, H., Millsap, R. E. & Browne, J. (1989). Cognitive interference or skills deficit: An empirical test of two competing theories of test anxiety. *Anxiety Research, 1*, 313–325. doi: 10.1080/08917778908248728

Everson-Rose, S. A. & Lewis, T. T. (2005). Psychosocial factors and cardiovascular diseases. *Annual Review of Public Health, 26*, 469–500. doi: 10.1146/annurev.publhealth.26.021304.144542

Eysenck, M. W. (1992). *Anxiety: The Cognitive Perspective*. Hove, UK: Lawrence Erlbaum Associates.

Fagundes, C. P. & Way. B. (2014). Early-life stress and adult inflammation. *Current Directions in Psychological Science, 23*, 277–283. doi: 10.1177/0963721414535603

Faller, H. & Lang, H. (2007). *Medizinische Psychologie und Soziologie* (2. Auflage). Heidelberg: Springer.

Fanselow, M. S. & Gale, G. D. (2003). The amygdala, fear, and memory. *Annals of the New York Academy of Sciences, 985*, 125–134. doi: 10.1111/j.1749-6632.2003.tb07077.x

F.A.Z.-Institut & Techniker Krankenkasse. (2009). *Kundenkompass Stress. Aktuelle Bevölkerungsbefragung: Ausmaß, Ursachen und Auswirkungen von Stress in Deutschland*. Zugriff am 17. 9. 2013 unter https://www.vdma.org/documents/105628/244511/TK_¬Studie%20 Stress.pdf/15ff404a-1799-457f-81cc-1bd640f8f56f

Federer, M., Margraf, J. & Schneider, S. (2000). Leiden schon Achtjährige an Panik? Prävalenzuntersuchungen mit Schwerpunkt Panikstörung und Agoraphobie. *Zeitschrift für Kinder- und Jugendpsychiatrie und Psychotherapie, 28*, 205–214. doi: 10.1024//1422-4917.28.3.205

Fehm, L. & Fydrich, T. (2011). *Prüfungsangst* (Vol. 44). Göttingen, Germany: Hogrefe.

Fehm, L. & Fydrich, T. (2013). *Ratgeber Prüfungsangst*. Göttingen: Hogrefe.

Feinstein, J. S., Buzza, C., Hurlemann, R., Follmer, R. L., Dahdaleh, N. S., Coryell, W. H., Welsh, M. J., Tranel, D. & Wemmie, J. A. (2013). Fear and panic in humans with bilateral amygdala damage. *Nature Neuroscience, 16*, 270–273. doi: 10.1038/nn.3323

Fend, H. (2000). *Entwicklungspsychologie des Jugendalters: Ein Lehrbuch für pädagogische und psychologische Berufe.* Opladen: Leske & Budrich.

Filipp, S.-H. (1990). Sujektive Krankheitstheorien. In R. Schwarzer (Hrsg.), *Gesundheitspsychologie. Ein Lehrbuch* (S. 247–262). Göttingen: Hogrefe.

Fitch, B. D. (2004). *A test of the relationship between personality traits and test anxiety.* Dissertation, Fielding Graduate University, Santa Barbara, CA.

Flanagan, K. S., Erath, S. A. & Bierman, K. L. (2008). Unique associations between peer relationships and social anxiety in early adolescence. *Journal of Clinical Child and Adolescent Psychology, 37*, 759–769. doi: 10.1080/15374410802359700

Folkman, S., Lazarus, R. S., Pimley, S. & Novacek, J. (1987). Age differences in stress and coping processes. *Psychology and Aging, 2*(2), 171–184.

Folkman, S. & Moskowitz, J. T. (2004). Coping: Pitfalls and promise. *Annual Review of Psychology, 55*, 745–774. doi: 10.1146/annurev.psych.55.090902.141456

Friedman, M. & Rosenman, R. (1959). Association of specific overt behaviour pattern with blood and cardiovascular findings. *Journal of the American Medical Association, 169*, 1286–1296. doi: 10.1001/jama.1959.03000290012005

Frodl, T., Meisensahl, E., Zetzsche, T., Bottlender, R., Born, C., Groll, C., Jäger, M., Leinsinger, G., Hahn, K. & Möller, H. J. (2002). Enlargement of the amygdala in patients with first episode of major depression. *Biological Psychiatry, 51*, 708–714. doi: 10.1016/s0006-3223(01)01359-2

Frydenberg, E. (Ed.). (2002). *Beyond Coping: Meeting goals, visions, and challenges.* New York, NY: Oxford University Press.

Fukuyama, F. (1999). *The great disruption: human nature and the reconstitution of social order.* New York, NY: Free Press.

Furman, G. (2012). *School as communita. From promise to practice.* Albany, NY: State University of New York Press.

Gallagher, M. & Chiba, A. A. (1996). The amygdala and emotion. *Current Opinion in Neurobiology, 6*, 221–227. doi: 10.1016/S0959-4388(96)80076-6

Gee, D. G. & Casey, B. J. (2015). The impact of developmental timing for stress and recovery. *Neurobiology of Stress, 1*, 184–194. doi: 10.1016/j.ynstr.2015.02.001

Geertz, C. (1975). On the nature of anthropological understanding: Not extraordinary empathy but readily observable symbolic forms enable the anthropologist to grasp the unarticulated concepts that inform the lives and cultures of other peoples. *American Scientist, 63*(1), 47–53.

Genkova, P., Ringeisen, T. & Leong, F. T. L. (Hrsg.) (2013). *Handbuch Stress und Kultur: Interkulturelle und kulturvergleichende Perspektiven.* Wiesbaden: Springer.

Gerber, M. & Pühse, U. (2008). »Don't crack under pressure!« – Do leisure time physical activity and self-esteem moderate the relationship between school-based stress and psychosomatic complaints? *Journal of Psychosomatic Research, 65*, 363–369. doi: 10.1016/j.jpsychores.2008.06.012

Ghosh, S., Laxmi, T. R. & Chattarji, S (2013). Functional connectivity from the amygdala to the hippocampus grows stronger after stress. *The Journal of Neuroscience, 33*, 7234–7244. doi: 10.1523/JNEUROSCI.0638-13.2013

Golding, J. M., Taylor, D. L., Menard, L. & King, M. J. (2000). Prevalence of sexual abuse history in a sample of women seeking treatment for premenstrual syndrome. *Journal of Psychosomatic Obstetrics & Gynecology, 21*, 69–80. doi: 10.3109/01674820009075612

Gomez, R. (2012). Depression Anxiety Stress Scales: Factor structure and differential item functioning across women and men. *Personality and Individual Differences, 54*, 687–691. doi: 10.1016/j.paid.2012.11.025

Gotlib, I. H., Whiffen, V. E., Mount, J. H., Milne, K. & Cordy, N. I. (1989). Prevalence rates and demographic characteristics associated with depression in pregnancy and the postpartum. *Journal of Consulting and Clinical Psychology, 57*, 269–274. doi: 10.1037/0022-006X.57.2.269

Graham, S. & Weiner, B. (1996). Theories and principles of motivation. In D. C. Berliner & R. C. Calfee (Eds.), *Handbook of Educational Psychology* (pp. 63–84). New York, NY: Macmillan.

Grandin, T. & Johnson, C. (2005). *Animals in Translation: Using the Mysteries of Autism to Decode Animal Behavior.* New York, NY: Harvest Books.

Grant, K. E., Compas, B. E., Stuhlmacher, A. F., Thrum, A. E., McMahon, S. D. & Halpert, J. A. (2003). Stressors and child and adolescent psychopathology: Moving from markers to mechanisms of risk. *Psychological Bulletin, 129*(3), 447–466. doi: 10.1037/0033-2909.129.3.447

Griffiths, A.-J., Sharkey, J. D. & Furlong, M. J. (2009). Student engagement and positive school adaptation. In R. Gilman, E. S. Huebner & M. J. Furlong (Eds.), *Handbook of positive psychology in schools* (pp. 197–212). New York, NY: Routledge.

Grills, A. E. & Ollendick, T. H. (2002). Peer victimization, global self-worth, and anxiety in Middle School children. *Journal of Clinical Child & Adolescent Psychology, 31,* 59–68. doi: 10.1207/S15374424JCCP3101_08

Grinker, R. R. & Spiegel, J. P. (1945). *Men under stress.* Philadelphia, PA: Blakiston.

Gunnar, M. R. & Barr, R. G. (1998). Stress, early brain development and behavior. *Infants and Young Children, 11,* 1–14. doi: 10.1097/00001163-199807000-00004

Grützmacher, L. & Raufelder, D. (2015). Unterschiede im Zusammenspiel von Stresserleben, Schülersozialklima und Schulengagement von adoleszenten Gymnasiasten/-innen und Oberschüler/-innen. *Psychologie in Erziehung und Unterricht, 62,* 233–252. doi: 10.2378/peu2015.art18d

Hagtvet, K. A., Man, F. & Sharma, S. (2001). Generalizability of self-related cognitions in test anxiety. *Personality and Individual Differences, 31,* 1147–1171. doi: 10.1016/S0191-8869(00)00212-9

Hamer, M., Endrighi, R., Venuraju, S. M., Lahiri, A. & Steptoe, A. (2012). Cortisol responses to mental stress and the progression of coronary artery calcification in healthy men and women. *PloS one, 7*(2), 313–356. doi: 10.1371/journal.pone.0031356

Hamer, M., O' Donnell, K., Lahirit, A. & Steptoe, A. (2010). Salivary cortisol responses to mental stress are associated with coronary artery calcification in healty men and women. *European Heart Journal, 31*(4), 424–429. doi: 10.1093/eurheartj/ehp386

Hammond, D. C. (2010). Hypnosis in the treatment of anxiety- and stress-related disorders. *Expert Review of Neurotherapeutics, 10,* 263–273. doi: 10.1586/ern.09.140

Hampel, P. & Petermann, F. (1999). Anti-Streß-Training für Kinder. *Kindheit und Entwicklung, 8,* 125–126. doi: 10.1026//0942-5403.8.2.125

Han, K. S., Kim, L. & Shim, I. (2012). Stress and sleep disorder. *Experimental Neurobiology, 21,* 141–150. doi: 10.5607/en.2012.21.4.141

Hankin, B. L., Abramson, L. Y., Miller, N. & Haeffel, G. J. (2004). Cognitive vulnerability-stress theories of depression: Examining affective specificity in the prediction of depression versus anxiety in three prospective studies. *Cognitive Therapy and Research, 28*(3), 309–345.

Hanson, J. L., Chung M. K., Avants B. B., Rudolph K. D., Shirtcliff, E. A., Gee J. C., Davidson R. J. & Pollak, S. D. (2012). Structural variations in prefrontal cortex mediate the relationship between early childhood stress and spatial working memory. *Journal of Neuroscience, 32,* 7917–7925. doi: 10.1523/JNEUROSCI.0307-12.2012

Haugland, S. & Wold, B. (2001). Subjective health complaints in adolescence e reliability and validity of survey methods. *Journal of Adolescence, 24,* 611–624. doi: 10.1006/jado.2000.0393

Hatløya, A., Hallunda, J., Diarraa, M. M. & Oshauga, A. (2000). Food variety, socioeconomic status and nutritional status in urban and rural areas in Koutiala (Mali). *Public Health Nutrition, 3,* 57–65. doi: 10.1017/S1368980000000628

Hawkins B. T. & Davis, T. P. (2005). The blood-brain barrier/neurovascular unit in health and disease. *Pharmacological Reviews, 57,* 173–185. doi: 10.1124/pr.57.2.4

Helmke, A. (1987). Schulische Leistungsangst: Wirkungsweise und Korrelate, Determinanten in Schule und Familie, Mess- und Diagnoseprobleme, Therapieformen. Ein Überblick über neuere theoretische Entwicklungen und empirische Ergebnisse. *Psychologische Rundschau, 38*, 14–36.

Hembree, R. (1988). Correlates, causes, effects and treatment of test anxiety. *Review of Educational Research, 1*, 47–77. doi: 10.3102/00346543058001047

Hill, K. T. & Wigfield, A. (1984). Test anxiety: A major educational problem and what can be done about it. *The Elementary School Journal, 85*, 105–126. doi: 10.1086/461395

Himmerich, H., Fischer, J., Bauer, K., Kirkby, K. C., Sack, U. & Krügel, U. (2013). Stress-induced cytokine changes in rats. *European Cytokine Network, 24*, 97–103. doi: 10.1684/ecn.2013.0338

Hjern, A., Alfven, G. & Östberg, V. (2008). School stressors, psychological complaints and psychosomatic pain. *Acta Paediatrica, 97*, 112–117. doi: 10.1111/j.1651-2227.2007.00585.x

Hobfoll, S. E. (1988). *The ecology of stress.* New York, NY: Hemisphere.

Hobfoll, S. E. (1989). Conservation of resources: A new attempt at conceptualizing stress. *American Psychologist, 44*, 513–524. doi: 10.1037/0003-066X.44.3.513

Hobfoll, S. E. (2001). The influence of culture, community, and the nested-self in the stress process: Advancing conservation of resources theory. *Applied Psychology, 50*, 337–421. doi: 10.1111/1464-0597.00062

Hobfoll, S. E., Freedy, J., Lane, C. & Geller, P. (1990). Conservation of social resources: Social Support Resource Theory. *Journal of Social and Personal 7*, 465–478. doi: 10.1177/0265407590074004

Hobfoll, S. E., Freedy, J. R., Green, B. L. & Solomon, S. D. (1996). Coping reactions to extreme stress: The roles of resource loss and resource availability. In M. Zeidner & N. S. Endler (Eds.), *Handbook of Coping: Theory, Research, Applications* (pp. 322–349). New York, NY: Wiley.

Hobfoll, S. E. & Lilly, R. S. (1993). Resource conservation as a strategy for community psychology. *Journal of Community Psychology, 21*, 128–148. doi: 10.1002/1520-6629(199304)21:2<128::AID-COP2290210206>3.0.CO;2-5

Hodapp, V. (1991). Das Prüfungsängstlichkeitsinventar TAI-G: Eine erweiterte und modifizierte Version mit vier Komponenten. *Zeitschrift für Pädagogische Psychologie, 5*, 121–130. doi: 10.1024/1010-0652.22.1.73

Hodapp, V., Laux, L. & Spielberger, C. D. (1982). Theorie und Messung der emotionalen und kognitiven Komponente der Prüfungsangst. *Zeitschrift für Differentielle und Diagnostische Psychologie, 3*(3), 169–184.

Hodapp, V., Rohrmann, S. & Ringeisen, T. (2011). *PAF - Prüfungsangstfragebogen.* Tests Info. Göttingen: Hogrefe.

Hölzel, B. K., Carmody, J., Vangel, M., Congleton, C., Yerramsetti, S. M., Gard, T. & Lazar, S. W. (2011). Mindfulness practice leads to increases in regional brain gray matter density. *Psychiatry Research, 191*, 36–43. doi: 10.1016/j.pscychresns.2010.08.006

Hoferichter, F. (2016). *Exploring the landscape of socio-motivational relationships and achievement emotions in secondary school students.* PhD, Free University of Berlin, Berlin. Abgerufen von http://www.diss.fu-berlin.de/diss/receive/FUDISS_thesis_000000101372?¬lang=en

Hoferichter, F. & Raufelder, D. (2013). The effect of peer and teacher support on the association between neuroticism and test anxiety in early adolescence. In K. A. Moore, K. Kaniasty, P. Buchwald & A. Sesé (Eds.), *Stress and Anxiety* (pp. 161–169). Berlin: Logos.

Hoferichter, F. & Raufelder, D. (2013). Examining the role of social relationships in the association between neuroticism and test anxiety – results from a study with German secondary school students. *Educational Psychology, 33*, 1–18. doi: 10.1080/01443410.2013.849326

Hoferichter, F., Raufelder, D. & Eid, M. (2014). The mediating role of socio-motivational relationships in the interplay of perceived stress, neuroticism, and test anxiety among adolescent students. *Psychology in the Schools, 51*, 736–752. doi: 10.1002/pits.21778

Hoferichter, F., Raufelder, D., Ringeisen, T., Rohrmann, S. & Bukowski, W. M. (2015). Assessing the multi-faceted nature of test anxiety among Secondary School students: An

English version of the German Test Anxiety Questionnaire: PAF-E. *The Journal of Psychology, 150,* 450–468. doi: 10.1080/00223980.2015.1087374

Hofstede, G. (1980). *Culture's consequences: International differences in work-related values.* Beverly Hills, CA: Sage.

Holahan, C. J., Moos, R. H., Holahan, C. K., Cronkite, R. C. & Randall, P. K. (2001). Drinking to cope, emotional distress and alcohol use and abuse: A ten-year model. *Journal of Studies on Alcohol and Drugs, 62,* 190–198. doi: 10.1037/0021-843X.112.1.159

Holroyd, K. A. & Appel, M. A. (1980). Test anxiety and psychological responding. In I. G. Sarason (Ed.), *Test anxiety: Theory, research, and applications* (pp. 129–154). Hillsdale, NJ: Erlbaum.

Hong, E. (1998). Differential stability of individual differences in state and trait anxiety. *Learning and Individual Differences, 10,* 51–69. doi: 10.1016/S1041-6080(99)80142-3

Horstkemper, M. (1995). *Schule, Geschlecht und Selbstvertrauen. Eine Längsschnittstudie über Mädchensozialisation in der Schule* (Vol. 3). Weinheim, Germany: Juventa.

Howard, R. (1991). Neurophysiological studies of stress, arousal, and anxiety. In C. D. Spielberger, I. G. Sarason, J. Strelau & J. M. T. Brebner (Eds.), *Stress and Anxiety* (Vol. 13, pp. 177–191). New York, NY: Hemisphere.

Huang, L.-T. (2014). Early-life stress impacts the developing hippocampus and primes seizure occurrence: cellular, molecular, and epigenetic mechanisms. *Frontiers in Molecular Neuroscience, 7:* 8. doi: 10.3389/fnmol.2014.00008

Hüther, G. (2011). *Biologie der Angst. Wie aus Streß Gefühle werden* (Vol. 10). Göttingen: Vandenhoeck & Ruprecht.

Ingenkamp, K. & Lissmann, U. (2008). *Lehrbuch der Pädagogischen Diagnostik* (Vol. 6). Weinheim, Germany: Beltz.

Iso, H., Date, C., Yamamoto, A., Toyoshima, H., Tanabe, N., Kikuchi, S., Kondo, T., Watanabe, Y., Wada, Y., Ishibashi, T., Suzuki, H., Koizumi, A., Inaba, Y., Tamakoshi, A. & Ohno, Y. (2002). Perceived mental stress and mortality from cardiovascular disease among Japanese men and women: The Japan Collaborative Cohort Study for Evaluation of Cancer Risk Sponsored by Monbusho (JACC Study). *Circulation, 106,* 1229–1236. doi: 10.1161/01.CIR.0000028145.58654.41

Isovich, E., Mijnster, M.J., Flügge, G. & Fuchs, E. (2000). Chronic psychosocial stress reduces the density of dopamine transports. *European Journal of Neuroscience, 12,* 1071–1078. doi: 10.1046/j.1460-9568.2000.00969.x

Issa, G., Wilson, C., Terry, A.V. Jr. & Pillai, A. (2010). An inverse relationship between cortisol and BDNF levels in schizophrenia: data from human postmortem and animal studies. *Neurobiological Disorders, 39,* 327–333. doi: 10.1016/j.nbd.2010.04.017.

Ittel, A. & Raufelder, D. (2009). *Lehrerrolle – Schülerrolle. Wie Interaktion gelingen kann.* Göttingen, Germany: Vandenhoeck & Ruprecht.

Ittel, A. & Raufelder, D. (2009). Mentoring in der Schule: Professionelle Praxis und Qualitätssicherung. In H. Stöger, A. Ziegler & D. Schimke. (Hrsg.). *Mentoring. Theoretische Hintergründe, empirische Befunde und praktische Anwendungen* (S. 193–207). Lengerich, Germany: Papst Science Publishers.

Ittel, A. & Raufelder, D. (2008). *Lehrer und Schüler als Bildungspartner. Ansätze zwischen Tradition und Moderne.* Göttingen: Vandenhoeck & Ruprecht.

Jackson, M. (2013). *The age of stress. Science and the search for stability.* Oxford: Oxford University Press.

Janis, I. L. (1958). *Psychological Stress: Psychoanalytic and Behavioral Studies of Surgical Patients.* New York, NY: Wiley.

Jensen, E. (1998). *Teaching with the brain in mind.* Alexandria, VA: Association of Supervision and Curriculum Development.

Jerusalem, M. & Schwarzer, R. (1991). Entwicklung des Selbstkonzepts in verschiedenen Lernumwelten. In R. Pekrun & H. Fend (Hrsg.), *Schule und Persönlichkeitsentwicklung. Ein Resümee der Längsschnittforschung* (S. 115–128). Stuttgart: Ferdinand Enke Verlag.

Jürgens, E. (1992). *Leistung und Beurteilung in der Schule. Eine Einführung in Leistungs- und Bewertungsfragen aus pädagogischer Sicht* (Vol. 4). Sankt Augustin: Academia.

Judge, T. A. & Ilies, R. (2002). Relationship of personality to performance motivation: A meta-analytic review. *Journal of Applied Psychology, 87*, 797–807. doi: 10.1037/00219010.87.4.797

Kaplan, D., Liu, R. & Kaplan, H. (2005). School related stress in early adolescence and academic performance three years later: The conditional influence of self expectations. *Social Psychology of Education, 8*, 3–17. doi: 10.1007/s11218-004-3129-5

Kaplan, L. A., Evans, L. & Monk, C. (2008). Effects of mothers' prenatal psychiatric status and postnatal caregiving on infant biobehavioral regulation: can prenatal programming be modified? *Early Human Development, 84*, 249–256. doi: 10.1016/j.earlhumdev.2007.06.004.

Katschnig, T. & Hanisch, G. (1999). Schule ohne Angst – eine Utopie? In R. Olechowski & K. Garnitschnig (Hrsg.), *Humane Schule* (S. 75–93). Frankfurt a. M.: Peter Lang.

Kenis, G. & Maes, M. (2002). Effects of antidepressants on the production of cytokines. *International Journal of Neuropsychopharmacology, 5*, 401–412. doi: 10.1017/S1461145702003164

Kenny, M. E., Gallagher, L. A., Alvarez-Salvat, R. & Silsby, J. (2002). Sources of support and psychological distress among academically successful inner-city youth. *Adolescence, 37* (145), 161–182.

Kerckhoff, A. (2010). Was tun bei Prüfungsangst? Akupunktur und Naturheilkunde. Essen: KVC.

Kiecolt-Glaser, J. K., Glaser, R., Gravenstein, S., Malarkey, W. B. & Sheridan, J. (1996). Chronic stress alters the immune response to influenza virus vaccine in older adults. *Proceedings of the National Academy of Sciences, 93*(7), 3043–3047.

Kieling, C., Baker-Henningham, H., Belfer, M., Conti, G., Ertem, I., Omigbodun, O., Rohde, L. A., Srinath, S., Ulkuer, N. & Rahman, A. (2011). Child and adolescent mental health worldwide: Evidence for action. *Lancet, 378*, 1515–1525. doi: 10.1016/S0140-6736(11) 60827-1.

Kim, H. S., Sherman, D. K. & Taylor, S. E. (2008). Culture and social support. *American Psychologist, 63*, 518–526. doi: 10.1037/0003-066X

Kitayama, S. & Cohen, D. (2007). *Handbook of cultural psychology*. New York, NY: Guilford.

Klauer, K. J. (2008). Leistungsversagen in der Schule [Poor Achievement in School]. In W. Schneider & M. Hasselhorn (Hrsg.), *Handbuch der Pädagogischen Psychologie* (Vol. 10, S. 653–662). Göttingen: Hogrefe.

Klengel, T., Pape, J., Binder, E. B. & Mehta, D. (2014). The role of DNA methylation in stress-related psychiatric disorders. *Neuropharmacology, 80*, 115–132. doi: 10.1016/j.neuropharm.2014.01.013

Knigge-Illner, H. (2010). *Prüfungsangst besiegen: Wie Sie Herausforderungen souverän meistern*. Frankfurt a. M.: Campus.

Kobasa, S. (1984). How much stress can you survive? *American Health, 3*(1), 64–77.

Kobasa, S. C. (1979). Stressful life events, personality, and health: An inquiry into hardiness. *Journal of Personality and Social Psychology, 37*(1), 1–11. doi: 10.1037/0022-3514.37.1.1

Kondo, D. (1997). Strategies for coping with test anxiety. *Anxiety, Stress and Coping, 10*(2), 203–215. doi: 10.1080/10615809708249301

Kotozaki, Y., Takeuchi, H., Sekiguchi, A., Yamamoto, Y., Shinada, T., Araki, T., Takahashi, K., Taki, Y., Ogino, T., Kiguchi, M. & Kawashima, R. (2014). Biofeedback-based training for stress management in daily hassles: An intervention study. *Brain and Behavior, 4*, 566–579. doi: 10.1002/brb3.241

Krankenkasse, T. (2013). *Bleib locker, Deutschland! TK-Studie zur Stresslage der Nation*. Hamburg, Deutschland: Techniker Krankenasse Pressestelle.

Kuboyama, T., Tohda, C. & Komatsu, K. (2005). Neuritic regeneration and synaptic reconstruction induced by withanolide A. *British Journal of Pharmacology, 144*, 961–971. doi: 10.1038/sj.bjp.0706122

Kubzansky, L. D., Sparrow, D., Vokonas, P. & Kawachi, I. (2001). Is the glass half empty or half full? A prospective study of optimism and coronary heart disease in the normative aging study. *Psychosomatic Medicine, 63*(6), 910–916.

Kuo, B. C. H. (2011). Culture's consequences on coping: Theories, evidences, and dimensionalities. *Journal of Cross-Cultural Psychology, 42*, 1084–1100. doi: 10.1177/0022022110381126

Küpfer, K. (1997). *Prüfungsängstlichkeit bei Studenten: Differentielle Diagnostik und differentielle Intervention*. Frankfurt a.M., Germany: Lang.

Kury, P. (2012). *Der überforderte Mensch. Eine Wissensgeschichte vom Stress zum Burnout*. Frankfurt a. M.: Campus.

Kwon, Y. S. (2009). *The effect of autogenic training prenatal education to the anxiety, depression and stress of the pregnant woman*. Unpublished master's thesis Seoul University of Buddhism, Seoul, South Korea.

Ladd, G. W., Kochenderfer, B. J. & Coleman, C. C. (1996). Friendship quality as a predictor of young children's early school adjustment. *Child Development, 67*, 1103–1118. doi: 10.1111/1467-8624.ep9704150186

Laireiter, A.-R., Perrez, M. & Baumann, U. (2001). Diagnostik von Belastung und Belastungsbewältigung. In R. D. Stieglitz, U. Baumann & H. Freyberger (Hrsg.), *Psychodiagnostik in Klinischer Psychologie, Psychiatrie und Psychotherapie* (S. 229–245). Stuttgart: Thieme.

Lamm, B. (2012). Entwicklung im kulturellen Kontext: Entwicklungspfade der Emotionsregulation. In P. Genkova, T. Ringeisen & B. L. Fredrickson (Hrsg.), *Handbuch Stress und Kultur: Interkulturelle und kulturvergleichende Perspektiven* (S. 81–96). Wiesbaden: VS.

Lang, J. W. B. & Lang, J. (2010). Priming competence diminishes the link between cognitive test anxiety and test performance: Implications for the interpretation of test scores. *Psychological Science, 21*, 811–819. doi: 10.1177/0956797610369492

Lange, C. & Irle, E. (2004). Enlarged amygdala volume and reduced hippocampal volume in young women with major depression. *Psychological Medicine, 34*, 1059–1064. doi: 10.1017/s0033291703001806

Lara, V. P., Caramelli, P., Teixeira, A. L., Barbosa, M. T., Carmona, K. C., Carvalho, M. G., Fernandes, A. P. & Gomes, K. B. (2013). High cortisol levels are associated with cognitive impairment no-dementia (CIND) and dementia. *Clinica Chimica Acta, 423*, 18–22. doi: 10.1016/j.cca.2013.04.013

Larson, M. J., South, M. & Merkley, T. (2011). Neuropsychological considerations in child and adolescent anxiety. In D. McKay & E. A. Storch (Eds.), *Handbook of Child and Adolescent Anxiety Disorders*. New York, NY: Springer Science.

Lätsch, A., Raufelder, D. & Wulff, T. (2016). The influence of social relationships on conduct problems in school context - does school engagement matter? *International Journal of Criminology and Sociology, 5*, 113–122. doi: 10.6000/1929-4409.2016.05.11

Lazarus, R. S. (1966). *Psychological stress and the coping process*. New York, NY: McGraw-Hill.

Lazarus, R. S. (1991). *Emotion and Adaptation*. New York, NY: Oxford University Press.

Lazarus, R. S. (2006). *Stress and Emotion. A new synthesis*. New York, NY: Springer.

Lazarus, R. S., Averill, J. R. & Opton, E. M. (1970). *Toward a cognitive theory of emotions*. New York, NY: Academic.

Lazarus, R. S. & Folkman, S. (1984). *Stress, appraisal, and coping*. New York, NY: Springer.

Lazarus, R. S. & Launier, R. (1978). Stress-related transactions between person and environment. In L. A. Pervin & M. Lewis (Eds.), *Perspectives in Interactional Psychology* (pp. 287–327). New York, NY: Plenum.

Lazarus, R. S. & Launier, R. (1981). Streßbezogene Transaktion zwischen Person und Umwelt. In J. Nitsch (Hrsg.), *Streß: Theorien, Untersuchungen, Maßnahmen* (S. 213–259). Bern, Schweiz: Hans Huber.

Lazarus, R. S. & Lazarus, B. N. (1994). *Passion and reason: Making sense of our emotions*. New York, NY: Oxford University Press.

LeDoux, J. (1998). *The emotional brain: The mysterious underpinnings of emotional life*. New York, NY: Simon & Schuster.

Lee, R. M. & Robbins, S. B. (1998). The relationship between social connectedness and anxiety, self-esteem, and social identity. *Journal of Counseling Psychology, 45*, 338–345. doi: 10.1037/0022-0167.45.3.338

Lehrer, P. (2006). Anger, stress, dysregulation produces wear and tear on the lung. *Thorax, 61*, 833–834. doi: 10.1136/thx.2006.057182

Leino, P., (1989). Symptoms of stress predict musculoskeletal disorders. *Journal of Epidemiology and Community Health, 43*, 293–300. doi: 10.1136/jech.43.3.293

Lem, S. (1990). *Philosophie des Zufalls. Zu einer empirischen Theorie der Literatur*. Band II. Berlin: Volk und Welt.

Lengacher, C. A., Reich, R. R., Kip, K. E., Barta, M., Ramesar, S., Paterson, C. L., Moscoso, M. S., Carranza, I., Budhrani, P. H., Kim, S. J., Park, H. Y., Jacobsen, P. B., Schell, M. J., Jim, H. S., Post-White, J., Farias, J. R. & Park, J. Y. (2014). Influence of mindfulness-based stress reduction (MBSR) on telomerase activity in women with breast cancer (BC). *Biological Research For Nursing, 16*, 438–447. doi: 10.1177/1099800413519495.

LeVine, R. A. & LeVine, B. B. (1963). Nyansongo: A Gusii community in Kenya. In B. B. Whiting (Ed.), *Six cultures: Studies of child rearing* (pp. 15–202). New York, NY: John Wiley.

Lewinsohn, P. M., Gotlib, I. H., Lewinsohn, M., Seeley, J. R. & Allen, N. B. (1998). Gender differences in anxiety disorders and anxiety symptoms in adolescents. *Journal of Abnormal Psychology, 107*, 109–117. doi: 10.1037/0021-843x.107.1.109

Lewis, A. J., Galbally, M., Gannon, T. & Symeonides, C. (2014). Early life programming as a target for prevention of child and adolescent mental disorders. *BMC Medicine, 12*(33), n.n. doi: 10.1186/1741-7015-12-33

Lewis, A. J. & Olsson, C. A. (2011). Early life stress and child temperament style as predictors of childhood anxiety and depressive symptoms: findings from the longitudinal study of Australian children. *Depression Research and Treatment, 2011*, 1–9. doi: 10.1155/2011/296026

Liebert, R. M. & Morris, L. W. (1967). Cognitive and emotional components of test anxiety: A distinction and some initial data. *Psychological Reports, 20*, 975–978. doi: 10.1037/0022-0663.73.4.541

Lim, S. J. & Kim, C. (2014). Effects of autogenic training on stress response and heart rate variability in nursing students. *Asian Nursing Research, 8*, 286–292. doi: 10.1016/j.anr.2014.06.003

Liu, Y. & Lu, Z. (2010). The Chinese high school student's stress in the school and academic achievement. *Educational Psychology, 31*, 27–35. doi: 10.1080/01443410.2010.513959

Lovallo, W. R. (2005). *Stress and health: Biological and psychological interactions* (Vol. 2). Thousand Oaks, CA: Sage.

Lowe, P. A., Lee, S. W., Witteborg, K. M., Pritchard, K. W. & Luhr, M. E. (2008). The Test Anxiety Inventory for children and adolescent. *Journal of Psychoeducational Assessment, 26*(3), 215–230. doi: 10.1177/0734282907303760

Luis, T. M., Varela, R. E. & Moore, K. W. (2008). Parenting practices and childhood anxiety reporting in Mexican, Mexican American, and European American families. *Journal of Anxiety Disorders, 22*, 1011–1020. doi: 10.1016/j.janxdis.2007.11.001.

Lyness, S. A. (1993). Predictors of differences between Type A and Type B individuals in heart rate and blood pressure reactivity. *Psychological Bulletin, 114*(2), 266–295. doi: 10.1037/0033-2909.114.2.266

Lyons, R. F., Mickelson, K. D., Sullivan, M. J. L. & Coyne, J. C. (1998). Coping as a Communal Process. *Journal of Social and Personal Relationships, 15*, 579–605 doi: 10.1177/0265407598155001

Maes, M., Song, C., Lin, A., De Jongh, R., Van Gastel, A., Kenis, G., Bosmans, E., De Meester, I., Benoy, I., Neels, H., Demedts, P., Janca, A., Scharpé, S. & Smith, R. S. (1998). The effects of psychological stress on humans: Increased production of pro-inflammatory cytokines and Th1-like response in stress-induced anxiety. *Cytokine, 10*, 313–318. doi: 10.1006/cyto.1997.0290

Mah, L., Szabuniewicz, C. & Fiocco, A. J. (2016). Can anxiety damage the brain? *Current Opinion in Psychiatry, 29*, 56–63. doi: 10.1097/YCO.0000000000000223

Man, F., Blahus, P. & Spielberger, C. D. (1990). The relationship of test anxiety to intelligence and academic performance. In C. D. Spielberger, R. Diaz-Guerrero & J. Strelau (Eds.), *Cross-Cultural Anxiety* (Vol. 4, pp. 183–192). New York, NY: Hemisphere.

Mandler, G. & Sarason, S. B. (1952). A study of anxiety and learning. *The Journal of Abnormal and Social Psychology, 47*, 166–173. doi: 10.1037/h0062855

Maruta, T., Colligan, R. C., Malinchoc, M. & Offord, K. P. (2000). Optimists vs. pessimists: Survival rate among medical patients over a 30-year period. *Mayo Clinic Proceedings 75* (2), 140–143. doi: 10.4065/75.2.140

Masato, M., Kazuyoshi, K., Mutsumi, A., Toshio, M., Mami, T. & Taisaku, K. (2006). Recent advance of autogenic training in clinical practice of psychosomatic medicine in Japan. *International Congress Series, 1287*, 240–245. doi: 10.1016/j.ics.2005.12.054

Mason, J. W. (1975). Emotion as reflected in patterns of endocrine integration. In L. L. (Ed.), *Emotions – Their parameters and measurement* (pp. 143–181). New York, NY: Raven Press.

Mates, D. & Allison, K. R. (1992). Sources of stress and coping responses of high school students. *Adolescence, 27*(106), 461–474.

Mathur, M. B., Epel, E., Kind, S., Desai, M., Parks, C. G., Sandler, D. P. & Khazeni, N. (2016). Perceived stress and telomere length: A systematic review, meta-analysis, and methodologic considerations for advancing the field. *Brain, Behavior & Immunity, 54*, 158–169. doi: 10.1016/j.bbi.2016.02.002.

Mattson, M. P. (2008). Glutamate and neurotrophic factors in neuronal plasticity and disease. *Annals of the New York Academy of Sciences, 1144*, 97–112. doi: 10.1196/annals.1418.005

Mauss, I. B., Shallcross, A. J., Troy, A. S., John, O. P., Ferrer, E., Wilhelm, F. H. & Gross, J. J. (2011). Don't hide your happiness! Positive emotion dissociation, social connectedness, and psychological functioning. *Journal of Personality and Social Psychology, 100*, 738–748. doi: 10.1037/a0022410

Mayer, E. A. (2000). The neurobiology of stress and gastrointestinal disease. *Gut, 47*, 861–869 doi: 10.1136/gut.47.6.861

Mayer-Skumanz, L., Heringer, I. & Heringer, A. (2004). *Mit dem Tiger um die Wette: Geschichten, Tipps und Übungen bei Prüfungsangst und Stress* (Vol. 2). Freiburg, Germany: VAK.

McCarty, C. A., Weisz, J. R., Wanitromanee, K., Eastman, K. L., Suwanlert, S., Chaiyasit, W. & Band, E. B. (1999). Culture, coping, and context: Primary and secondary control among Thai and American youth. *Journal of Child Psychology and Psychiatry, 40*(5), 809–818. doi: 10.1111/1469-7610.00496

McCrae, R. R. (1990). Controlling neuroticism in the measurement of stress. *Stress Medicine, 6*, 237–241. doi: 10.1002/smi.2460060309

McGrath, J. E. & Beehr, T. A. (1990). Time and the stress process: Some temporal issues in the conceptualization and measurement of stress. *Stress Medicine, 6*, 93–104. doi: 10.1002/smi.2460060205

Meece, J. L., Wigfield, A. & Eccles, J. S. (1990). Predictors of math anxiety and its influence on young adolescents' course enrollment intentions and performance in mathematics. *Journal of Educational Psychology, 82*, 60–70. doi: 10.1037/0022-0663.82.1.60

Middlebrooks, J. S. & Audage, N. C. (2008). *The effects of childhood stress on health across the lifespan*. Atlanta, GA: Centers for Disease Control and Prevention, National Center for Injury Prevention and Control.

Miedema, B. & De Jong, J. (2005). Support for very old people in Sweden and Canada: the pitfalls of cross-cultural studies; same words, different concepts? *Health & Social Care in the Community, 13*, 231–238. doi: 10.1111/j.1365-2524.2005.00550.x

Miller, G. E., Rohleder, N., Stetler, C. & Kirschbaum, C. (2005). Clinical depression and regulation of the inflammatory response during acute stress. *Psychosomatic Medicine, 67*, 679–687. doi: 10.1097/01.psy.0000174172.82428.ce

Miller, G. E. & Blackwell, E. (2006). Turning up the heat: Inflammation as a mechanism linking chronic stress, depression, and heart disease. *Current Directions in Psychologial Science, 15*, 269–272. doi: 10.1111/j.1467-8721.2006.00450.x

Mindes, G. & Jewett, J. (1997). Childhood stress. *Childhood Education, 73*, 172–173. doi: 10.1080/00094056.1997.10522682

Moksnes, U. K. (2011). Stress and health in adolescence: The role of potential protective factors (Doctoral dissertation). Norwegian University of Science and Technology Faculty of Social Sciences and Technology Management Department of Social Work and Health Science. Abgerufen von http://www.diva-portal.org/smash/get/diva2:408593/fulltext02

Müller, N. & Schwarz, M. (2016). COX-2 inhibition in schizophrenia and major depression. *Current Pharmaceutical Design, 14*, 1452–1465. doi: 10.2174/138161208784480243

Murberg, T. A. & Bru, E. (2004). School-related stress and psychosomatic symptoms among Norwegian adolescents. *School Psychology International, 25*, 317–332. doi: 10.1177/0143034304046904

Murberg, T. A. & Bru, E. (2007). The role of neuroticism and perceived school-related stress in somatic symptoms among students in Norwegian junior high schools. *Journal of Adolescence, 30*, 203–212. doi: 10.1016/j.adolescence.2006.02.001

Murray, C. (2009). Parent and teacher relationships as predictors of school engagement and functioning among low-income urban youth. *The Journal of Early Adolescence, 29*, 376–404. doi: 10.1177/0272431608322940.

Murray, L., Halligan, S. L., Goodyer, I. & Herbert, J. (2010) Disturbances in early parenting of depressed mothers and cortisol secretion in offspring: A preliminary study. *Journal of Affective Disorders, 122*, 218–223. doi: 10.1016/j.jad.2009.06.034.

Murray, C. & Greenberg, M. T. (2001). Relationships with teachers and bonds with school: Social emotional adjustment correlates for children with and without disabilities. *Psychology in the Schools, 38*, 25–41. doi: 10.1002/1520-6807(200101)38:1<25::aid-pits4>3.0.co;2-c

Murray, J. E. (2000). Marital protection and marital selection: Evidence from a historical-prospective sample of american men. *Demography, 37*(4), 511–521. doi: 10.1353/dem.2000.0010

Myrtek, M. (1995). Type A behavior pattern, personality factors, disease, and physiologial reactivity: A meta-analytic update. *Personality and Individual Differences, 18*(4), 491–502. doi: 10.1016/0191-8869(94)00197-Z

National Scientific Council on the Developing Child (2005). *Excessive stress disrupts the architecture of the developing brain: Working Paper No. 3.* Abgerufen von www.developingchild.harvard.edu

Naveen, G. H., Varambally, S., Thirthalli, J., Rao, M., Christopher, R. & Gangadhar, B. N. (2016). Serum cortisol and BDNF in patients with major depression-effect of yoga. *International Review of Psychiatry, 28*, 273–278. doi: 10.1080/09540261.2016.1175419.

Neuwelt, E. A., Bauer, B., Fahlke, C., Fricker, G., Iadecola, C., Janigro, D., Leybaert, L., Molnár, Z., O'Donnell, M. E., Povlishock, J. T., Saunders, N. R., Sharp, F., Stanimirovic, D., Watts, R. J. & Drewes, L. R. (2011). Engaging neuroscience to advance translational research in brain barrier biology. *Nature Reviews Neuroscience, 12*, 169–182. doi: 10.1038/nrn2995

Newcomb, A. F., Bukowski, W. M. & Pattee, L. (1993). Children's peer relations: A meta-analytic review of popular, rejected, neglected, controversial, and average sociometric status. *Psychological Bulletin, 113*, 99–128. doi: 10.1037/0033-2909.113.1.99

Newport, F. & Pelham, B. (2009). Don't worry, be 80: Worry and stress decline with age. Abgerufen von: http://www.gallup.com/poll/124655/dont-worry-be-80-worry-stress-decline-age.aspx: Gallup-Healthways Well-being Index.

Ng, D. M. & Jeffery, R. W. (2003). Relationships between perceived stress and health behaviors in a sample of working adults. *Health Psychology, 22*, 638–642. doi: 10.1037/0278-6133.22.6.638

Nishizawa, S., Benkelfat, C., Young, S. N., Leyton, M., Mzengeza, S., De Montigny, C., Blier, P. & Diksic, M. (1997). Differences between males and females in rates of serotonin synthesis in human brain. *Proceedings of the National Academy of Sciences of the United States of America, 94*, 5308–5313. doi: 10.1073/pnas.94.10.5308

Nitsch, C. & von Schelling, C. (2001). *Schule ohne Bauchweh*. München: Goldmann.

Nolting, P. D. (2011). *Math study skills workbook*. Boston, MS: Cengage Learning.
Novella, J. R. (2009). *Children and stress: Caring strategies to guide children*. Virginia Cooperative Extension, Virginia Tech, and Virginia State University. Zugriff am 06.09.2016 unter http://pubs.ext.vt.edu/350/350-054/350-054.html
Nutt, D. J. (2006). The role of dopamine and norepinephrine in depression and antidepressant treatment. *Journal of Clinical Psychiatry, 67*(6), 3–8.
O'Connor, D. B. & Shimizu, M. (2002). Sense of personal control, stress and coping style: A cross-cultural study. *Stress and Health, 18*, 173–183. doi: 10.1002/smi.939
O'Connor, T. G., Heron, J., Golding, J., Beveridge, M. & Glover, V. (2002). Maternal antenatal anxiety and children's behavioural/emotional problems at 4 years: report from the Avon Longitudinal Study of Parents and Children. *British Journal of Psychiatry, 180*, 502–508. doi: 10.1192/bjp.180.6.502.
O'Donovan, A., Epel, E., Lin, J., Wolkowitz, O., Cohen, B. & Maguen, S. (2011). Childhood trauma associated with short leukocyte telomere length in posttraumatic stress disorder. *Biological Psychiatry, 70*, 465–471. doi: 10.1016/j.biopsych.2011.01.035
O'Donovan, A., Rush, G., Hoatam, G., Hughes, B. M., McCrohan, A., Kelleher, C., O'Farrelly, C. & Malone, K. M. (2013). Suicidal ideation is associated with elevated inflammation in patients with major depressive disorder. *Depression & Anxiety, 30*, 307–314. doi: 10.1002/da.22087
O'Hara, M. W. & Swain, A.M. (1996). Rates and risk of postpartum degression – a meta-analysis. *International Review of Psychiatry, 8*, 37–54. doi: 10.3109/09540269609037816.
O'Neill, M. J. & Carayon, P. (1993): The Relationship between Privacy, Control, and Stress Responses in Office Workers. *Proceedings of the Human Factors and Ergonomics Society 37th Annual Meeting, 37*(7), 479–483. Human Factors Society.
OECD (2002). *Understanding the brain: Towards a new learning science*. Paris: OECD.
OECD (2015). *How's Life? 2015: Measuring Well-being*. Paris: OECD.
Oertel, L. (2010). Schulstress und Schulangst im Jugendalter. In H. Hackauf & H. Ohlbrecht (Hrsg.), *Jugend und Gesundheit. Ein Forschungsüberblick* (S. 178–193). Weinheim: Juventa.
Okereke, O. I., Prescott, J., Wong, J. Y. Y., Han, J., Rexrode, K. M. & De Vivo, I. (2012). High phobic anxiety is related to lower leukocyte telomere length in women. *PLoS One, 7*, e40516. doi: 10.1371/journal.pone.0040516
Oliveira, B. S., Zunzunegui, M. V., Quinlan, J., Fahmi, H., Tu, M. T. & Guerra, R. O. (2015). Systematic review of the association between chronic social stress and telomere length: A life course perspective. *Ageing Research Reviews, 26*, 37–52. doi: 10.1016/j.arr.2015.12.006
Organization, W. H. (1993). Approaches to stress management in the community setting: Report on a WHO consultation. Kopenhagen: WHO Archives.
Osterhouse, R. A. (1972). Desensitization and study skills as treatment for two types of test-anxious students. *Journal of Counseling Psychology, 19*, 301–307. doi: 10.1037/h0034177
Osterman, K. F. (2000). Students' need for belonging in the school community. *Review of Educational Research, 70*, 323–367. doi: 10.3102/00346543070003323
Ott, G. & Bowi, U. (2010). Mobbing and its effect on children and adolescents. *Veterinary and Comparative Orthopaedics and Traumatology, 5*(1), 17–23.
Overmier, J. B. & Murison, R. (1997). Animal models reveal the »Psych« in the psychosomatics of peptic ulcers. *Current Directions in Psychological Science, 6*(6), 180–184.
Paddison, P. L., Gise, L. H,. Lebovits, A., Strain, J. J., Cirasole, D. M. & Levine, J. P. (1990). Sexual abuse and premenstrual syndrome: comparison between a lower and higher socioeconomic group. *Psychosomatics, 31*, 265–272. doi: 10.1016/S0033-3182(90)72162-7
Pani, L., Porcella, A. & Gessa, G. L. (2000). The role of stress in the pathophysiology of the dopaminergic system. *Molecular Psychiatry, 5*, 133–138. doi: 10.1038/sj.mp.4000589
Paradies, L., Linser, H. J. & Greving, J. (2009). *Diagnostizieren, Fordern und Fördern* (Vol. 3). Berlin: Cornelsen.

Pekrun, R. (1991). Prüfungsangst und Schulleistung: Eine Langsschnittanalyse. *Zeitschrift für Pädagogische Psychologie, 5*(2), 99–109.
Pekrun, R. (1992). Expectancy- value theory of anxiety: Overview and implications. In D. G. Forgays, T. Sosnowski & K. Wrzesniewski (Eds.), *Anxiety: Recent Developments in Self-appraisal. Psychophysiological and Health Research* (pp. 23–41). Washington, DC: Hemisphere.
Pekrun, R. (2000). A Social-Cognitive, Control-Value Theory of achievement emotions. In J. Heckhausen (Ed.), *Motivational psychology of human development. Developing motivation and motivating development* (pp. 143–164). New York, NY: Elsevier.
Pekrun, R. (2001). Test Anxiety and academic achievement. In N. J. Smelser & P. B. Baltes (Eds.), *International Encyclopedia of the Social & Behavioral Sciences* (1st ed., pp. 15610–15614). New York, NY: Elsevier.
Pekrun, R. (2006). The control-value theory of achievement emotions: Assumptions, corollaries, and implications for educational research and practice. *Educational Psychology Review, 18*, 315–341. doi: 10.1007/s10648-006-9029-9
Pekrun, R., Elliot, A. J. & Maier, M. A. (2006). Achievement goals and discrete achievement emotions: A theoretical model and prospective test. *Journal of Educational Psychology, 98*, 583–597. doi: 10.1037/0022-0663.98.3.583
Pekrun, R., Frenzel, A. C., Goetz, T. & Perry, R. P. (2007). The Control-Value Theory of achievement emotions: An integrative approach to emotions in education. In P. A. Schutz & R. Pekrun (Eds.), *Emotion in Education* (pp. 13–36). Amsterdam, The Netherlands: Academic Press.
Pekrun, R. & Frese, M. (1992). Emotions in work and achievement. In C. L. Cooper & I. T. Robertson (Eds.), *International Review of Industrial and Organizational Psychology* (Vol. 7, pp. 152–200). New York, NY: John Wiley.
Peleg-Popko, O. & Klingman, A. (2002). Family environment, discrepencies between perceived actual and desirable environment, and children's test and trait anxiety. *British Journal of Guidance & Counselling, 30*, 451–466. doi: 10.1080/0306988021000025646.
Persy, E. (1990). *Schulangst und deren Ausprägung in Abhängigkeit der Schulorganisationsform. Unter besonderer Berücksichtigung der Ganztagsschule.* Wien, Österreich: VWGÖ Wien.
Perdue, O. & Spielberger, C. D. (1966). Anxiety and the perception of punishment. *Mental Hygiene, 50*(3), 390–397.
Phelps, S. & Jarvis, P. (1994). Coping in adolescence: Empirical evidence for a theoretically based approach to assessing coping. *Journal of Youth and Adolescence, 23*, 359–371. doi: 10.1007/bf01536724
Pinel, J. P. J. (2001). *Biopsychologie* (Vol. 2). Heidelberg: Spektrum.
Pintrich, P. R. (2003). A motivational science perspective on the role of student motivation in learning and teaching contexts. *Journal of Educational Psychology, 95*(4), 667–686. doi: 10.1037/0022-0663.95.4.667
Pittenger, C. & Duman, R., (2008). Stress, depression, and neuroplasticity: A convergence of mechanisms. *Neuropsychopharmacology, 33*, 88–109. doi: 10.1038/sj.npp.1301574
Pöhland, L. & Raufelder, D. (2014). The role of peers and teachers as motivators on adolescents' neural emotional processing predicting feelings of loneliness, depression and stress – results of an interdisciplinary study. *Diskurs Kindheits- und Jugendforschung, 9*(4), 449–463.
Poulsen, M. K. & Finello, K. M.. (2011). *Foundations of early childhood mental health: Public health & life course perspectives.* Preventive Medicine, 583. Lecture. Los Angeles, CA: University of Southern California.
Powers, A. D., Thomas, K. M., Ressler, K. J. & Bradley, B. (2011). The differential effects of child abuse and posttraumatic stress disorder on schizotypal personality disorder. *Comprehensive Psychiatry, 52*, 438–445. doi: 10.1016/j.comppsych.2010.08.001.
Putwain, D. W. & Best, N. (2011). Fear appeals in the primary classroom: Effects on test anxiety and test grade. *Learning and Individual Differences, 21*, 580–584. doi: 10.1016/j.lindif.2011.07.007

Putwain, D. W., Woods, K. A. & Symes, W. (2010). Personal and situational predictors of test anxiety of students in post compulsory education. *British Journal of Educational Psychology, 80*, 137–160. doi: 10.1348/000709909X466082.

Quick, J. & Spielberger, C. (1994). Walter Bradford Cannon: Pioneer of stress research. *International Journal of Stress Management, 1*, 141–143. doi: 10.1007/bf01857607

Raison, C. L., Capuron, L. & Miller, A. H. (2006). Cytokines sing the blues: Inflammation and the pathogenesis of depression. *Trends in Immunology, 27*, 24–31. doi: 10.1016/j.it.2005.11.006

Raufelder, D. (2010). Soziale Beziehungen in der Schule – Luxus oder Notwendigkeit? In A. Ittel, H. Merkens & J. Zinnecker (Hrsg.), *Jahrbuch Jugendforschung* (S. 187– 101). Wiesbaden: VS.

Raufelder, D. (2011). Erfolgreich lernen: Eine Frage der Beziehung. *Gehirn & Geist, Kinderentwicklung* (6), 88– 89.

Raufelder, D. & Bünger, S. (2009). *Zum Einfluss sozio-emotionaler Faktoren im Kontext Schule*. Paper presented at the AEPF-Arbeitsgruppe für empirische und pädagogische Forschung, Bochum.

Raufelder, D., Kittler, F., Braun, S. R., Lätsch, A., Wilkinson, R. P. & Hoferichter, F. (2013). The interplay of perceived stress, self-determination and school engagement in adolescence. *School Psychology International, 18*(4), 405–420. doi: 10.1177/0143034313498953

Raufelder, D., Hoferichter, F., Schneeweiß, D. & Wood, M. A. (2014). The power of social and motivational relationships for test anxious adolescents' academic self-regulation. *Psychology in the Schools, 52*, 447–462. doi: 10.1002/pits.21836

Raufelder*, D., Hoferichter*, F., Pöhland, L., Golde, S., Lorenz, R. C. & Beck, A. (2016). Adolescents' socio-motivational relationships with teachers, amygdala response to teacher's negative facial expressions and test anxiety. *Journal of Research on Adolescence, 26* (4), 706–722. doi: 10.1111/jora.12220 *shared first authorship*.

Roeser, R. W., Midgley, C. & Urdan, T. C. (1996). Perceptions of the school psychological environment and early adolescents' psychological and behavioral functioning in school: The mediating role of goals and belonging. *Journal of Educational Psychology, 88*, 408–422. doi: 10.1037/0022-0663.88.3.408

Rolff, H.-G. (1997). *Sozialisation und Auslese durch die Schule* (Vol. 9). Weinheim: Juventa.

Rost, D. H. & Schermer, F. J. (2006). Leistungsängstlichkeit. In D. H. Rost (Hrsg.), *Handwörterbuch Pädagogische Psychologie* (S. 404–415). Weinheim: Psychologie Verlags Union.

Roszkowski, M. & Bohacek, J. (2016). Stress does not increase blood-brain barrier permeability in mice. *Journal of Cerebral Blood Flow & Metabolism, 36*, 1304–1315. doi: 10.1177/0271678X16647739.

Rentenversicherung, D. (2014). Positionspapier der Deutschen Rentenversicherung zur Bedeutung psychischer Erkrankungen in der Rehabilitation und bei Erwerbsminderung. Abgerufen von: http://www.deutsche-rentenversicherung.de/Allgemein/de/Inhalt/3_Infos_fuer_Experten/01_sozialmedizin_forschung/downloads/konzepte_systemfragen/positionspapiere/pospap_psych_Erkrankung.pdf?__blob=publicationFile&v=6: Deutschen Rentenversicherung.

Rensing, L., Koch, M., Rippe, B. & Rippe, V. (2005). *Mensch im Stress: Psyche, Körper, Moleküle*. Heidelberg, Germany: Springer Spektrum.

Ringeisen, T., Raufelder, D., Schnell, K. & Rohrmann, S. (2015). Validating the proposed structure of the relationships among test anxiety and its predictors based on control-value theory: Evidence for gender-specific patterns. *Educational Psychology, 36*, 1826–1844 doi: 10.1080/01443410.2015.1072134

Robinson, M., Oddy, W. H., Li, J., Kendall, G. E., de Klerk, N. H., Silburn, S. R., Zubrick, S. R., Newnham, J. P., Stanley, F. J. & Mattes, E. (2008). Pre- and postnatal influences on preschool mental health: a large-scale cohort study. *Journal of Child Psychological Psychiatry, 49*, 1118–1128. doi: 10.1111/j.1469-7610.2008.01955.x.

Rodin, J. (1983). Behavioral medicine. Beneficial effect of self-control training in aging. *International Review of Applied Psychology, 32,* 153–181. doi: 10.1111/j.1464-0597.1983.tb00901.x

Rodin, J. & Langer, E. (1977). Long-term effect of a control relevant intervention among the institutionalized aged. *Journal of Personality and Social Psychology, 35*(12), 897–902. doi: 10.1037/0022-3514.35.12.897

Rost, D. H. & Schermer, F. J. (1987). Auf dem Weg zu einer differentiellen Diagnostik der Leistungsangst. *Psychologische Rundschau, 38,* 14–36.

Rost, D. H. & Schermer, F. J. (1997). *Differentielles Leistungsangst Inventar (DAI): Handbuch (mit Normtabellen).* Frankfurt a. M.: Swets & Zeitlinger.

Rost, D. H. & Schermer, F. J. (2006). Leistungsängstlichkeit. In D. H. Rost (Hrsg.), *Handwörterbuch Pädagogische Psychologie* (S. 404–415). Weinheim: Psychologie Verlags Union.

Ruch, J. C. (1975). Self-hypnosis: The result of heterohypnosis or vice versa? *International Journal of Clinical and Experimental Hypnosis, 23,* 228–304, doi: 10.1080/00207147508415952

Sävendahl, L. (2012). The effect of acute and chronic stress on growth. *Science Signaling, 5,* pt9. doi: 10.1126/scisignal.2003484.

Salleh, M. R. (2008). Life event, stress and illness. *Malaysian Journal of Medical Sciences, 15* (4), 9–18.

Sampson, E. E. (1988). The debate on individualism: Indigenous psychologies of the individual and their role in personal and societal functioning. *American Psychologist, 43,* 15–22. doi: 10.1037/0003-066X.43.1.15

Sapolsky, R. (2005). The influence of social hierarchy on primate health. *Science, 308,* 648–652 doi: 10.1126/science.1106477

Sapolsky, R. (2004). *Why zebras don't get ulcers* (third ed.). New York, NY: St. Martin's Griffin.

Sapp, M. (1991). Hypnotherapy and test anxiety: Two cognitive-behavioral constructs. The effects of hypnosis in reducing test anxiety and improving academic achievement in college students. *Australian Journal of Clinical & Experimental Hypnosis, 12*(1), 26–32.

Sarason, I. G. (1958). The Test Anxiety Scale: Concept and research. In C. D. Spielberger & I. G. Sarason (Eds.), *Stress and Anxiety* (Vol. 5, pp. 194–216). Washington, D C: Hemisphere Publishing Corp.

Sarason, I. G. (1959). Intellectual and personality correlates of test anxiety. *The Journal of Abnormal and Social Psychology, 59,* 272–275. doi: 10.1037/h0042200

Sarason, I. G. (1973). Test anxiety and cognitive modeling. *Journal of Personality and Social Psychology, 28*(1), 58–61.

Sarason, I. G. (1984). Stress, anxiety, and cognitive interference: Reactions to tests. *Journal of Personality and Social Psychology, 46*(4), 929–938. doi: 10.1037/0022-3514.46.4.929

Sausen, K. P., Lovallo, W. R., Pincomb, G. A. & Wilson, M. F. (1992). Cardiovascular responses to occupational stress in male medical students: A paradigm for ambulatory monitoring studies. *Health Psychology, 11,* 55–60. doi: 10.1037/0278-6133.11.1.55

Saulny, S. (2006). A Legacy of the Storm: Depression and Suicide *New York Times,* Abgerufen von: http://cretscmhd.psych.ucla.edu/nola/volunteer/NewsArticles/depression.pdf.

Schaarschmidt, U. & Kieschke, U. (2005). *Halbtagsjobber – Psychische Gesundheit im Lehrerberuf. Analyse eines veränderungsbedürftigen Zustandes* (Vol. 2). Weinheim: Beltz.

Schechter, D. S. & Willheim, E. (2009). Disturbances of attachment and parental psychopathology in early childhood. *Child and Adolescent Psychiatry Clinics of North America, 18,* 665–687. doi: 10.1016/j.chc.2009.03.001

Schechter, D. S., Willheim, E., McCaw, J., Turner, J. B., Myers, M. M. & Zeanah, C. H. (2011). The relationship of violent fathers, posttraumatically stressed mothers, and symptomatic children in a preschool-age inner-city pediatrics clinic sample. *Journal of Interpersonal Violence, 26,* 3699–3719. doi: 10.1177/0886260511403747

Scheier, M. & Carver, C. (1992). Effects of optimism on psychological and physical well-being: Theoretical overview and empirical update. *Cognitive Therapy and Research, 16,* 201–228. doi: 10.1007/bf01173489

Scheier, M. F. & Carver, C. S. (1985). Optimism, coping, and health: Assessment and implications of generalized outcome expectancies. *Health Psychology, 4*(3), 219–247.
Schmidt-Denter, U. (2005). *Soziale Beziehugnen im Lebenslauf. Lehrbuch der sozialen Entwicklung* (Vol. 4). Weinheim, Germany: Beltz.
Schnabel, K. U. (1998). *Prüfungsangst und Lernen. Empirische Analysen zum Einfluß fachspezifischer Leistungsängstlichkeit auf schulischen Lernfortschritt*. Münster, Deutschland: Waxmann.
Schneider, S. (2004). *Angststörungen bei Kindern und Jugendlichen. Grundlagen und Behandlung*. Berlin: Springer.
Schootman, M., Jeffe, D. B., Reschke, A. H. & Aft, R. L. (2003). Disparities related to socioeconomic status and access to medical care remain in the United States among women who never had a mammogram. *Cancer Causes Control, 14*(5), 419–425.
Schreiber, E. H. & Schreiber, K. N. (1997). Use of group hypnosis to improve college students' achievement. *Psychological Report, 80*, 636–638. doi: 10.2466/pr0.1997.80.2.636
Schutte, N. S. & Malouff, J. M. (2014). The relationship between perceived stress and telomere length: A meta-analysis. *Stress Health, 32*, 313–319. doi: 10.1002/smi.2607
Schwartz, D., Gorman, A. H., Nakamoto, J. & Toblin, R. L. (2005). Victimization in the peer group and children's academic functioning. *Journal of Educational Psychology, 97*, 425–435. doi: 10.1037/0022-0663.97.3.425
Schwarzer, R. (2000). *Streß, Angst und Handlungsregulation* (Vol. 4). Stuttgart: Kohlhammer.
Schwertfeger, A. (2012). *Lehrer und Schüler – Pädagogische Generationsbeziehungen in der Schule – Eine empirische Studie*. Dissertation, Universität Rostock, Rostock. Abgerufen von: http://www.iasp.uni-rostock.de/fileadmin/IAS/Dissertation_Schwertfeger_2012.pdf
Segerstrom, S. C. & Miller, G. E. (2004). Psychological stress and the human immune system: A meta-analytic study of 30 years of inquiry. *Psychological Bulletin, 130*(4), 601–630. doi: 10.1037/0033-2909.130.4.601
Segerstrom, S. C., Taylor, S. E., Kemeny, M. E. & Fahey, J. L. (1998). Optimism is associated with mood, coping, and immune change in response to stress. *Journal of Personality and Social Psychology, 74*(6), 1646–1655. doi: 10.1037/0022-3514.74.6.1646
Seiffge-Krenke, I. (1995). *Stress, coping, and relationships in adolescence*. Mahwah, NJ: Erlbaum.
Selye, H. (1936). A syndrome produced by diverse nocuous agents. *Nature, 138*, 32–32. doi: 10.1038/138032a0
Selye, H. (1956). *The stress of life*. New York, NY: McGraw-Hill Education.
Selye, H. (1974). *Stress without distress*. Philadelphia, PA: Lippincott Williams & Wilkins.
Selye, H. (1978). *The Stress of Life*. New York, NY: McGraw-Hill Education.
Selye, H. (1983). *Selye's guide to stress research*. London: Van Nostrand Reinhold International.
Selye, H. (1984). *Stress – mein Leben: Erinnerungen eines Forschers*. Frankfurt a. M.: Fischer.
Shadach, E. & Ganor-Miller, O. (2013). The role of perceived parental over-involvement in student test anxiety. *European Journal of Psychology of Education, 28*, 585–596. doi: 10.1007/s10212-012-0131-8.
Shinozaki, M., Kanazawa, M., Kano, M., Endo, Y., Nakaya, N., Hongo, M. & Fukudo, S. (2010). Effect of autogenic training on general improvement in patients with irritable bowel syndrome: a randomized controlled trial. *Applied Psychophysiology and Biofeedback, 35*, 189–198. doi: 10.1007/s10484-009-9125-y
Siegel, J. M. (1990). Stressful life events and use of physician services among the elderly: The moderating role of pet ownership. *Journal of Personality and Social Psychology, 58*(6), 1081–1086.
Siegrist, J. (2005). Stress am Arbeitsplatz. In R. Schwarzer (Hrsg.), *Enzyklopädie der Psychologie – Gesundheitspsychologie* (Vol. 1, S. 303–318). Göttingen: Hogrefe.
Simmons, S. P. & Simmons, J. C. (1997). *Measuring emotional intelligence*. New York, NY: Summit Publishing Group.
Simon, N. M., Smoller, J. W., McNamara, K. L., Maser, R. S., Zalta, A. K., Pollack, M. H., Nierenberg, A. A., Fava, M. & Wong, K. K. (2006). Telomere shortening and mood

disorders: Preliminary support for a chronic stress model of accelerated aging. *Biological Psychiatry, 60*, 432–435. doi: 10.1016/j.biopsych.2006.02.004

Sinha, R. (2008). Chronic stress, drug use, and vulnerability to addiction. *Annals of the New York Academy of Sciences, 1141*, 105–130. doi: 10.1196/annals.1441.030

Skultétyová, I., Tokarev, D. & Jezová, D. (1998). Stress-induced increase in blood-brain barrier permeability in control and monosodium glutamate-treated rats. *Brain Research Bulletin, 45*, 175–178. doi: 10.1016/S0361-9230(97)00335-3.

Sriram, T. G. & Silverman, J. J. (1998). The effects of stress on the respiratory system. In R. Hubbard & E. A. Workman, (Eds.), *Handbook of stress medicine: An organ approach* (pp. 45–66). Boca Raton, FL: CRC Press LLC.

Smith, C. A. & Lazarus, R. S. (1993). Appraisal components, core relational themes, and the emotions. *Cognition and Emotion, 7*, 233–269. doi: 10.1080/02699939308409189

Smith, T. W. & Ruiz, J. M. (2002). Psychosocial influences on the development and course of coronary heart disease: Current status and implications for research and practice. *Journal of Consulting and Clinical Psychology, 70*, 548–568. doi: 10.1037/0022-006X.70.3.548

Somersalo, H. (2002). *School environment and children's mental well-being. A child psychiatric view on relations between classroom climate, school budget cuts and children's mental health*. Dissertation, University of Helsinki. Abgerufen von http://ethesis.helsinki.fi/julkaisut/laa/kliin/vk/somersalo/schoolen.pdf

Somerville, L. H., Fani, N. & McClure-Tone, E. B. (2011). Behavioral and neural representation of emotional facial expressions across the lifespan. *Developmental Neuropsychology, 36*, 408–428. doi: 10.1080/87565641.2010.549865

Song, M. R. & Kim, S. H. (2010). The effects of relaxation on stress and blood pressure induced by cognitive distress game among college students. *Journal of Korean Biological Nursing Science, 12*(1), 8–15.

Spielberger, C. D. (1966). Theory and research on anxiety. In C. D. Spielberger (Ed.), *Anxiety and Behavior* (pp. 3–20). New York, NY: Academic Press.

Spielberger, C. D. (1983). *Manual for the State-Trait Anxiety Inventory (Form V)*. Palo Alto, CA: Consulting Psychologists Press.

Spielberger, C. D., Diaz-Guerrero, R. & Strelau, J. (Eds.). (1990). *Cross-Cultural Anxiety* (Vol. 4). New York, NY: Hemisphere.

Spielberger, C. D. & Vagg, P. R. (Eds.). (1995). *Test anxiety: Theory, assessment, and treatment*. Washington, DC: Taylor & Francis.

Spielberger, C. D., Vagg, P. R., Baker, L. R., Donham, G. W. & Westberry, L. G. (1980). Factor structure of the State-Trait Anxiety Inventory. In I. G. Sarason & C. D. Spielberger (Eds.), *Stress and Anxiety* (Vol. 7, pp. 95–109). Washington, DC: Hemisphere.

Spitzer, M. (2009). *Lernen und Motivation*. Bamberg: Gesundheitsregion Bamberg. HDNmed. medical IT.

Stanton, H. E. (1994). Self-hypnosis: One path to reduced test anxiety. *Contemporary Hypnosis, 11*(1), 14–18.

Statistics, U. S. N. C. f. H. (2004). Marital status and health: United States, 1999–2002. In C. A. Schoenborn (Ed.), *Vital and Health Statistics: Advance Data* (Vol. 351).

Steinfurth, E., Wendt, J. & Hamm, A. (2013). Neurobiologische Grundlagen der Emotionsregulation. *Psychologische Rundschau, 64*, 208–216. doi: 10.1026/0033-3042/a000173

Steptoe, A., Wardle, J., Pollard, T. M., Canaan, L. & Davies, G. J. (1996). Stress, social support and health-related behavior: A study of smoking, alcohol consumption and physical exercise. *Journal of Psychosomatic Research, 41*, 171–180. doi: 10.1016/0022-3999(96)00095-5

Strittmatter, P. (1997). *Schulangstreduktion: Abbau von Angst in schulischen Leistungssituationen* (Vol. 2). Neuwied, Germany: Luchterhand.

Suhr-Dachs, L. (2006). Schule und Leistungsängste. In H.-C. Steinhausen (Hrsg.), *Schule und psychische Störungen* (Vol. 1, S. 52–67). Stuttgart: Kohlhammer.

Suhr-Dachs, L. & Döpfner, M. (2015). *Leistungsängste: Therapieprogramm für Kinder und Jugendliche mit Angst- und Zwangsstörungen (THAZ) – Band 1 (Therapeutische Praxis)*. Göttingen: Hogrefe.

Sundblad, G. B., Jansson, A., Saartok, T., Renström, P. & Engström, L. M. (2008). Self-rated pain and perceived health in relation to stress and physical activity among school-students: A 3-year follow-up. *Pain, 136*, 239–249. doi: 10.1016/j.pain.2007.06.032

Sutherland, G., Andersen, M. B. & Morris, T. (2005). Relaxation and health-related quality of life in multiple sclerosis: The example of autogenic training. *Journal of Behavioral Medicine, 28*, 249–256. doi: 10.1007/s10865-005-4661-2

Szabó, M. (2011). The emotional experience associated with worrying: Anxiety, depression, or stress? *Anxiety, Stress & Coping, 24*, 91–105. doi: 10.1080/10615801003653430

Szewczyk, D. (2012). So wird der Stress in der Schule erträglich. *Die Welt*. Abgerufen von: http://www.welt.de/gesundheit/psychologie/article108785511/So-wird-der-Stress-in-der-¬Schule-ertraeglich.html.

Szuhany, K. L., Bugatti, M. & Otto, M. W. (2015). A meta-analytic review of the effects of exercise on brain-derived neurotrophic factor. *Journal of Psychiatric Research, 60*, 56–64. doi: 10.1016/j.jpsychires.2014.10.003

Tabbert-Haugg, C. (2003). *Alptraum Prüfung. Gestörtes Prüfungsverhalten als Ausdruck von Schwellenängsten und Identitätskrisen (Leben Lernen 158)* (Vol. 1). Stuttgart: Klett-Cotta.

Tafet, G. E., Idoyaga-Vargas, V. P., Abulafia, D. P., Calandria, J. M., Roffman, S. S., Chiovetta, A. & Shinitzky, M. (2001). Correlation between cortisol level and serotonin uptake in patients with chronic stress and depression. *Cognitive, Affective, & Behavioral Neuroscience, 1*, 388–393. doi: 10.3758/CABN.1.4.388

Takeda, E., Terao, J., Nakaya, Y., Miyamoto, K., Baba, Y., Chuman, H., Kaji, R., Ohmori, T. & Rokutan, K. (2004). Stress control and human nutrition. *Journal of Medical Investigation, 51*(34), 139–145. doi: 10.2152/jmi.51.139

Tausch, R. & Tausch, A.-M. (1998). *Erziehungs-Psychologie. Begegnung von Person zu Person* (Vol. 11. korrigierte Auflage). Göttingen: Hogrefe.

Taylor, S. E. (2006). Tend and befriend: Biobehavioral bases of affiliation under stress. *Current Directions in Psychological Science, 15*(6), 273–277.

Taylor, S. E. (2007). Social support. In H. S. Friedman & R. C. Silver (Eds.), *Foundations of health psychology* (pp. 145–171). New York, NY: Oxford University Press.

Taylor, S. E. & Clark, L. F. (1986). *Does information improve adjustment to noxious events?* (Vol. 3). Hillsdale, NJ: Erlbaum.

Taylor, S. E., Klein, L. C., Lewis, B. P., Gruenewald, T. L., Gurung, R. A. R. & Updegraff, J. A. (2000). Biobehavioral responses to stress in females: Tend-and-befriend, not fight-or-flight. *Psychological Review, 107*(3), 411–429.

Tennant, V. (2005). *The powerful impact of stress*. Baltimore, MD: School of Education, John Hopkins University. Abgerufen von http://education.jhu.edu/PD/newhorizons/strategies/¬topics/Keeping%20Fit%20for%20Learning/stress.html

Thomas, L. (2015). *Neuroendokrine Stressaktivität im Kontext von Stressbewältigungsfertigkeiten und Detektionsleistung*. Berlin: Logos.

Thurner, F. & Tewes, U. (2000). *KAT II. Kinder-Angst-Test II*. Göttingen: Hogrefe.

Torpy, J. M., Lynm, C. & Glass, R. M. (2007). Chronic stress and the heart, *JAMA, 298*, 1722. doi: 10.1001/jama.298.14.1722

Torsheim, T., Ravens-Sieberer, U., Hetland, J., Välimaa, R., Danielson, M. & Overpeck, M. (2006). Cross-national variation of gender differences in adolescent subjective health in Europe and North America. *Social Science & Medicine, 62*, 815–827. doi: 10.1016/j.socscimed.2005.06.047

Triandis, H. C. (1995). *Individualism & collectivism. New directions in social psychology*. Boulder, CO: Westview Press.

Tronick, E. Z. (1989). Emotions and emotional communication in infants. *American Psychologist, 44*, 112–119. doi: 10.1037/0003-066X.44.2.112

Tsutsumi, T., Kabeya, M. & Ogawa, K. (2012). Outcomes of autogenic training for patients with chronic subjective dizziness. *Journal of Psychosomatic Research, 72*, 410–411. doi: 10.1016/j.jpsychores.2012.01.017

Tyrka, A. R., Price, L. H., Kao, H. T., Porton, B., Marsella, S. A. & Carpenter, L. L. (2010). Childhood maltreatment and telomere shortening: Preliminary support for an effect of early stress on cellular aging. *Biological Psychiatry, 67,* 531–534. doi: 10.1016/j. biopsych.2009.08.014

Uliaszek, A. A., Zinbarg, R. E., Mineka, S., Craske, M. G., Sutton, J. M., Griffith, J. W., Rose, R., Waters, A. & Hammen, C. (2010). The role of neuroticism and extraversion in the stress-anxiety and stress-depression relationships. *Anxiety, Stress & Coping,, 23,* 363–381. doi: 10.1080/10615800903377264

Ulich, E. (2011). *Arbeitspsychologie* (Vol. 7). Stuttgart: Schäffer-Poeschel Verlag.

Unternaehrer, E., Luers, P., Mill, J., Dempster, E., Meyer, A. H., Staehli, S., Lieb, R., Hellhammer, D. H. & Meinlschmidt, G. (2012). Dynamic changes in DNA methylation of stress-associated genes (OXTR, BDNF) after acute psychosocial stress. *Translational Psychiatry, 2,* e150. doi: 10.1038/tp.2012.77

Van den Bergh, B. R. H. & Marcoen, A. (2004). High antenatal maternal anxiety is related to ADHD symptoms, externalizing problems, and anxiety in 8- and 9-year-olds. *Child Development, 75,* 1085–1097. 10.1111/j.1467-8624.2004.00727.x.

Van den Bergh, B. R. H., van Calster, B., Smits, T., van Huffel, S. & Lagae, L. (2008). Antenatal maternal anxiety is related to HPA-axis dysregulation and self-reported depressive symptoms in adolescence: A prospective study on the fetal origins of depressed mood. *Neuropsychopharmacology, 33,* 536–545. doi: 10.1038/sj.npp.1301450.

Van Der Wee, N. J., Van Veen, J. F., Stevens, H., van Vliet, I. M., van Rijk, P. P. & Westenberg, H. G. (2008). Increased serotonin and dopamine transporter binding in psychotropic medication-naive patients with generalized social anxiety disorder shown by 123I-beta-(4-iodophenyl)-tropane SPECT. *Journal of Nuclear Medicine, 49,* 757–763. doi: 10.2967/jnumed.107.045518

Verhoeven, J. E., van Oppen, P., Puterman, E., Elzinga, B. & Penninx, B. W. (2015). The association of early and recent psychosocial life stress with leukocyte telomere length. *Psychosomatic Medicine, 77,* 882–891. doi: 10.1097/PSY.0000000000000226

Walton, G. M., Cohen, G. L., David, C. & Spencer, S. (2011). Mere belonging: The power of social connections. *Journal of Personality and Social Psychology, 102,* 513–532. doi: 10.1037/a0025731

Wang, M. T. & Eccles, J. S. (2012). Social support matters: Longitudinal effects of social support on three dimensions of school engagement from middle to high school. *Child Development, 83,* 877–895. doi: 10.1111/j.1467-8624.2012.01745.x.

Wang, J. L., Lesage, A., Schmitz, N. & Drapeau, A. (2008). The relationship between work stress and mental disorders in men and women: Findings from a population-based study. *Journal of Epidemiology & Community Health, 62,* 42–47. doi: 10.1136/jech.2006.050591

Weiner, B. (1985). An attributional theory of achievement and emotion. *Psychological Review, 92,* 548–573. doi: 10.1037/0033-295X.92.4.548

Weiner, B. (1990). History of motivational research in education. *Journal of Educational Psychology, 82,* 616–622. doi: 10.1037/0022-0663.82.4.616

Weiner, B. (1994). *Motivationspsychologie*. Weinheim: Beltz

Weiner, B. & Kukla, A. (1970). An attributional analysis of achievement motivation. *Journal of Personality and Social Psychology Bulletin, 15,* 1–20. doi: 10.1037/h0029211

Wentzensen, I. M., Mirabello, L., Pfeiffer, R. M. & Savage, S. (2011). The association of telomere length and cancer: A meta-analysis. *Cancer Epidemiology, Biomarkers & Prevention., 20,* 1238–1250. doi: 10.1158/1055-9965.EPI-11-0005

Wichmann, G. (2003). *Rezept gegen Prüfungsangst: Leitfaden gegen Prüfungsangst für Pädagogen und Menschen, die sich selber helfen wollen* (Vol. 2). Bochum: Europäischer Universitätsverlag.

Wiebe, D. J. (1991). Hardiness and stress moderation: A test of proposed mechanisms. *Journal of Personality and Social Psychology, 60*(1), 89–99. doi: 10.1037/0022-3514.60.1.89

Wigfield, A. & Eccles, J. S. (1992). The development of achievement task values: A theoretical analysis. *Developmental Review 27,* 265–310. doi: 10.1016/0273-2297(92)90011-P

Wigfield, A. & Eccles, J. S. (2002). The development of competence beliefs, expectancies for success, and achievement values from childhood through adolescence. In A. Wigfield & J.

S. Eccles (Eds.), *Development of achievement motivation* (pp. 91–120). San Diego, CA: Academic Press.

Wild, E., Hofer, M. & Pekrun, R. (2006). Psychologie des Lerners. In A. Krapp & B. Weidenmann (Hrsg.), *Pädagogische Psychologie. Ein Lehrbuch* (Vol. 5, S. 203–265). Weinheim: Beltz.

Williams, B., Pang, D., Delgado, B., Kocherginsky, M., Tretiakova, M., Krausz, T., Pan, D., He, J., McClintock, M. K. & Conzen, S. D. (2009). A model of gene-environment interaction reveals altered mammary gland gene expression and increased tumor growth following social isolation. *Cancer Prevention Research, 29*, 850–861. doi: 10.1158/1940-6207.CAPR-08-0238

Williams, J. E. (1996). Gender-related worry and emotionality test anxiety for high-achieving students. *Psychology in the Schools, 33*, 159–162. doi: 10.1002/(SICI)1520-6807(199604)33:2<159::AID-PITS9>3.0.CO;2-M

Williams, R. & Williams, V. (1993). *Anger kills: Seventeen strategies for controlling the hostility that can harm your health*. New York, NY: Times Books.

Wilson, C. M. & Oswald, A. J. (2005). How does marriage affect physical and psychological health? A survey of the longitudinal evidence *Abgerufen von: http://ftp.iza.org/dp1619.pdf* (Vol. 1619). Bonn: Forschungsinstitut zur Zukunft der Arbeit (IZA).

Windle, M. & Windle, R. C. (1996). Coping strategies, drinking motives, and stressful life events among middle adolescents: Associations with emotional and behavioral problems and with academic functioning. *Journal of Abnormal Psychology, 105*, 551–560. doi: 10.1037/0021-843X.105.4.551

Wine, J. D. (1982). Evaluation anxiety: A cognitive-attentional construct. In H. W. Krohne & L. Laux (Eds.), *Achievement, stress, and anxiety* (pp. 207–219). Washington, DC: Hemishpere.

Winkel, R. (2009). *Der gestörte Unterricht. Diagnostische und therapeutische Möglichkeiten*. Baltmannsweiler: Schneider.

Wood, J. (2006). Effect of anxiety reduction on children's school performance and social adjustment. *Developmental Psychology, 42*, 345–349. doi: 10.1037/0012-1649.42.2.345

Wright, S., Courtney, U. & Crowther, D. (2002), A quantitative and qualitative pilot study of the perceived benefits of autogenic training for a group of people with cancer. *European Journal of Cancer Care, 11*, 122–130. doi: 10.1046/j.1365-2354.2002.00307.x

Wulsin, L. R., Vaillant, G. E. & Wells, V. E. (1999). A systematic review of the mortality of depression. *Psychosomatic Medicine, 61*(1), 6–17.

Xiong, P., Zeng, Y., Wu, Q., Han Huang, D. X., Zainal, H., Xu, X., Wan, J., Xu, F. & Lu, J. (2014). Combining serum protein concentrations to diagnose schizophrenia: A preliminary exploration. *The Journal of Clinical Psychiatry, 75*, 794–801. doi: 10.4088/JCP.13m08772

Young, S. N. (2007). How to increase serotonin in the human brain without drugs. *Journal of Psychiatry and Neuroscience, 32*(6), 394–399.

Yudkin, J. S., Kumari, M., Humphries, S. E. & Mohamed-Ali, V. (2000). Inflammation, obesity, stress and coronary heart disease: Is interleukin-6 the link? *Atherosclerosis, 148*, 209–214. doi: 10.1016/S0021-9150(99)00463-3

Zeidner, M. (1998). *Test anxiety. The state of the art*. New York, NY: Plenum.

Zeidner, M. (2004). Test Anxiety. In C. D. Spielberger (Ed.), *Encyclopedia of applied psychology* (1st ed., pp. 545–556). Amsterdam: Elsevier.

Zeidner, M. & Matthews, G. (2005). Evaluation anxiety: Current theory and research. In A. J. Elliot & C. S. Dweck (Eds.) *Handbook of Competence and Motivation* (pp. 141–155). New York: The Guilford Press.

Zhao, J., Miao, K., Wang, H., Ding, H. & Wang, D. W. (2013). Association between telomere length and type 2 diabetes mellitus: A meta-analysis. *PLoS ONE, 8*, e79993. doi: 10.1371/journal.pone.0079993

Zimbardo, P. G. & Gerrig, R., J. (1999). *Psychologie*. Berlin, Germany: Springer.

Zlokovic, B. V. (2008). The blood-brain barrier in health and chronic neurodegenerative disorders. *Neuron, 57*, 178–201. doi: 10.1016/j.neuron.2008.01.003

Zoladz, J. A. & Pilc, A. (2010). The effect of physical activity on the brain derived neurotrophic factor: from animal to human studies. *Journal of Physiological Pharmacology, 61* (5), 533–541.

Zorumski, C. F., Paul, S. M., Izumi, Y., Covey, D. F. & Mennerick, S. (2013). Neurosteroids, stress and depression: Potential therapeutic opportunities. *Neuroscience and Biobehavioral Reviews, 37*, 109–122. doi: 10.1016/j.neubiorev.2012.10.005

Zuriff, G. E. (1997). Accommodations for test anxiety under ADA? *Journal of the American Academy of Psychiatry and the Law, 25*, 197–206. doi: 10.1177/0956797610369492

Stichwortverzeichnis

A

Alkohol 103
Allgemeines Adaptationssyndrom 17
Alltagsbelastungen (daily hassles) 21
Amygdala 34, 48, 67, 74, 87, 96
Angst 68, 72
Attributionstheorie 49
Aufmerksamkeitsdefizit-Modell 46

B

Bewältigungsstrategien
- coping 19, 23, 30, 47
- emotionsorientiert 23, 31, 38
- problemorientiert 23, 31, 47
Blut-Hirn-Schranke 75
brain-derived neurotrophic factor (BDNF) 75
Buffering Hypothesis 33

C

chronischer Stress 20, 78
Control-Value Theory 49
Cortisol 70, 73

D

Disstress 18
DNS-Methylierung 80
Dopamin 75–76
Drogen 30, 77
- Alkohol 77, 87

E

Early Life Programming 91
Eltern 50, 55–56, 94
- Mutter 91
emotionality (Aufgeregtheit) 44
Erwartungs-mal-Wert-Theorie 49
Eustress 18

F

Freie Radikale 73, 103

G

Gehirn 61, 66–67
Geschlecht 61
Glucocorticoide 79

H

Habit-Interferenz-Modell 46
Heterostase 18
Hippocampus 70, 73, 96, 106
Homöostase 17
Hormone 28, 33, 67, 70, 72, 88
- Adrenalin, Noradrenalin 17, 87
- Cortisol 67, 70, 87, 92, 104
- Serotonin 75–76, 78
Hypothalamus-Hypophysen-Nebennierenrinden-Achse 69

K

Kampf oder Flucht 18
- fight-or-flight 17
Kohärenzgefühl 27
Kontrolle (siehe auch Resilienz) 27, 31
Kritische Lebensereignisse 21
Kultur 15, 36–37

L

Lehrer-Schüler-Beziehung 58–59

N

Nervenzelle 73
Neurasthenie 14
Neuroendokrine Prozesse 66
Neurotizismus 26–27, 98
Neurotransmitter 75

Neurowissenschaften 65
Nucleus-Modell 84

P

Parasympathikus 17
Persönlichkeit 26, 30, 43, 95, 99
– Typ-A- und Typ-B-Persönlichkeiten 26
primary appraisal 31, 47
proinflammatorische Zytokine 78–79
Prüfungsangst, -ängstlichkeit
– Definition 41, 43
– Diagnostik 54
– Einfluss 52
– Symptome 89

R

Resilienz 27, 113
Ressourcen
– Theorie der Ressourcenerhaltung 24

S

Säuglingsstudien 37, 91
Schule 13, 34, 52, 57, 113
Schüler-Schüler-Beziehung 113
secondary appraisal 22, 31, 47
Selbst
– interdependent 37
– unabhängig 37
SELF (Sozio-Emotionale Lernfaktoren) 34
sensible Phasen (Gehirnentwicklung) 93
skill-deficit model 47
soziale Kompetenz 113

soziale Unterstützung 33
sozioökonomischer Status 21
state anxiety (siehe auch trait anxiety) 43, 108
Stress
– Definition 16
– Prävention 99
– Reaktion (neuronal) 65
– Symptome 84, 95
Stressoren 20–21, 94
Stressreaktion 17, 19
Sympathikus 17, 69, 88

T

Telomere 77
tend-and-befriend hypothesis 33
trait anxiety (siehe auch state anxiety) 43, 107
Transaktionales Stressmodell 19, 24, 47
Traumata 20, 80

U

Urbach-Wiethe-Syndrom 68

W

Widerstandskraft (siehe auch Resilienz) 27
worry (Besorgtheit) 44, 90

Z

Zivilisationskrankheit 13–14

Sven J. Matten/Markus J. Pausch

Angst- und Panikstörungen im Beruf

2017. 177 Seiten mit 6 Abb. und 2 Tab. Kart.
€ 24,-
ISBN 978-3-17-031927-1

Angst stellt ein Grundgefühl der menschlichen Existenz dar. Dennoch herrscht oft die Überzeugung, dass man, um erfolgreich zu sein, stark und angstfrei sein muss. Warum ist Angst eine wichtige Emotion und Kraft? Wie entsteht sie? Welche Angststörungen gibt es und wie kann man konstruktiv damit umgehen? Durch den Blick eines erfahrenen Therapeuten und eines langjährigen Medienmanagers gelingt den Autoren die Kombination eines praxisnahen Fachbuches mit einem fachlich kompetenten Ratgeber. Darin werden Lösungsansätze zur Angstbewältigung aufgezeigt, wobei der Schwerpunkt auf Angst- und Panikstörungen im Beruf liegt.

Dr. Markus J. Pausch ist Facharzt für Psychiatrie und Psychotherapie und als Dozent am Traumatherapiezentrum des kbo-Isar-Amper-Klinikum München-Ost tätig.
Sven J. Matten leitet das Filmproduktionsunternehmen Paradigma Entertainment in München und coacht Persönlichkeiten im internationalen Management mit Schwerpunkt auf Medien und Öffentlichkeit an den Standorten München und Toronto.

Leseproben und weitere Informationen unter www.kohlhammer.de

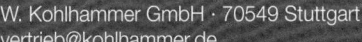

Thomas Hensel

Stressorbasierte Psychotherapie

Belastungssymptome
wirksam transformieren –
ein integrativer Ansatz

2018. 196 Seiten mit 11 Abb. Kart.
€ 34,–
ISBN 978-3-17-033491-5

Das gesellschaftliche Bewusstsein für die Folgen interpersoneller Gewalt insbesondere an Kindern und Jugendlichen ist in den letzten Jahren enorm gewachsen. Dazu hat die psychotraumatologische Forschung wesentlich beigetragen, indem sie eindeutig darauf hinweist, dass unverarbeitete belastende Lebenserfahrungen in Form chronischer Stress- und Affektdysregulation Ursache für eine Vielzahl psychischer und körperlicher Störungen sein können. Transdiagnostisch und am neuen Lernparadigma der Gedächtnisrekonsolidierung ausgerichtet, bietet dieser Ansatz Psychotherapeuten einen innovativen und integrativen konzeptuellen Rahmen sowie einen methodenübergreifenden Behandlungsalgorithmus, der diesen Erkenntnissen Rechnung trägt.

Dr. Thomas Hensel ist als niedergelassener Psychotherapeut (PP, KJP) in seiner Praxis in Offenburg tätig und bildet als Gründer und Leiter des Weiterbildungsinstituts „Kinder Trauma Institut" Psychotherapeuten in der speziellen Psychotraumatherapie mit Kindern und Jugendlichen aus. Schwerpunkte seiner Arbeit: Psychotraumatologie, Psychotraumatherapie, EMDR.

Leseproben und weitere Informationen unter www.kohlhammer.de